明代玉器

張廣文 著

藝術家 出版社
Artist Publishing Co.

目錄

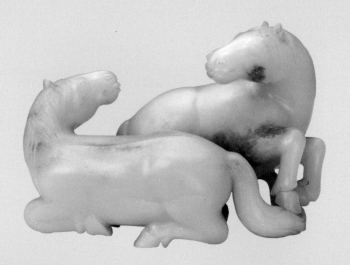

略談明代社會文化變遷與明代玉器（代序言）

　　明代是中國歷史上一個極具矛盾性和複雜性的時代。一方面，統治者以極端保守的高壓政策來維護一個空前的集權政治局面；另一方面，傳統社會已經發展至高度成熟程度，從它的內部萌發出的商品經濟胚芽，使市鎮經濟逐漸興起，人們的生活方式也隨之發生極大變化，市民階層初步形成，從而導致各種僵化管理制度的失效與階級關係複雜化。可以說，在表面的大一統之下，是不同的社會群體基於不同立場的多元訴求，反映在文化藝術領域，就是藝術品風格出現前所未有的繁複與駁雜。

一、市場的良性發展與工匠地位的提高

　　明代工藝美術的重要特點之一，就是與當時市場的聯繫比以往任何一個時代都更緊密。尤其是到了明代中後期，在蘇州等江南地區，城鎮生活的風尚正在由淳厚儉樸轉向奢侈靡費。張瀚在《松窗夢語》卷四裡記述，當時「民間風俗，大都江南侈於江北，而江南之侈，尤莫過於三吳。自昔吳俗習奢華，樂奇異，人情皆觀赴焉。吳制服而華，以為非是弗文也；吳制器而美，以為非是弗珍也。四方重吳服，而吳益工於服；四方貴吳器，而吳益工於器。是吳俗之侈者愈侈，而四方之觀赴於吳者，又安能挽而之儉也？」[註1] 市場需求大規模的增長，工藝品

註1 張瀚：《松窗夢語》卷四，中華書局〈元明史料筆記叢刊〉校點本，1997年。

作為重要的消費品也就獲得了較大的發展空間。而需求的構成又由於社會階層的細分，顯得更為複雜。這使得當時的工藝製作，除宮廷的禮儀性器物，依然保有某種程式化的傾向外，大量的作品都產生於文人「雅」的趣味與普通民眾「俗」的追求，以及工藝本身傳統的內在發展邏輯間相互衝突與融合的張力之下，顯得生機勃勃。如何處理各種複雜的內外部因素，成了此後相當長的歷史時期裡工藝美術發展所必須面對的問題。可以說，由社會變遷而引發的明代工藝的演變，開啟了工藝美術發展向近代轉型的道路。

另一方面，工藝在精英階層的觀念裡，獲得了前所未有的重視。市民文化的勃興，帶來了一種尊生貴人的啟蒙思想，使從朱子至心學宣導者王陽明所主張的「格物」、王廷相所推崇的「實歷」，自然地衍生出泰州學派王艮等人所宣揚的「百姓日用即道」，以及宋應星在《天工開物》中所表達的重視「於功名進取毫不相關」[註2]，而重視勞動實踐的觀念，成為工藝發展有力的催化劑之一。前引《松窗夢語》卷四中，作者張瀚在記述自己遊歷「燕中」時，特為提出「睹百貨充溢，寶藏豐盈，服御鮮華，器用精巧，宮室壯麗」，而「此皆百工所呈能而獻技」[註3]，高度肯定了工匠們對社會繁榮的貢獻。這種新的文化思潮發展到一定程度，就使原本在「四民」之中被輕視的「工」的社會地位和經濟收入都大幅提高，「其人且與縉紳先生列坐抗禮焉。」[註4]

「公安三袁」之一的袁宏道就曾慨歎：「古今好尚不同，薄技小器，皆得著名」，那些工藝佳品，「士大夫寶玩欣賞，與詩、畫並重」，而「當時文人墨士，名公巨卿，炫赫一時者，不知湮沒多少，而諸匠之名，顧得不朽。」[註5]著名的文人張岱更是指出，看重這些工匠的理由是「蓋技也，而能近乎道矣。」[註6]透露出的是一種舊的等級觀念被打破後而出現的樸素的人本主義思想：「天下何物不足以貴人？特人自賤耳。」[註7]大概與社會思潮的

註2 宋應星：《天工開物》卷序，鍾廣言注釋本，頁4，香港中華書局，1988年。

註3 張瀚：《松窗夢語》卷四。

註4 張岱：《陶庵夢憶》卷五，上海古籍出版社校點本，1982年。

註5 袁宏道：《袁宏道集箋校》卷二○，上海古籍出版社。

註6 張岱：《陶庵夢憶》卷一。

註7 張岱：《陶庵夢憶》卷五。

轉變同時發生的是工匠經濟依附關係的弛懈，明政府規定的輪班赴京服役的二十餘萬班匠，到嘉靖時已有約80％通過折銀的辦法，獲得了工作的自由[註8]。這些匠戶現實處境的改善，促進了工藝創造的能動性，使明代工藝美術逐漸展現出繁榮的景象。

二、明代社會文化演變對明代玉器的影響

玉器工藝作為明代工藝美術中的一個重要品類，雖然有其自身的特殊性，但也融入了這一股變革的潮流。宋應星在《天工開物》中將玉器工藝歸入「珠寶」類[註9]，作為民間手工業行當之一，詳細記載了其原料來源、開採、運輸，以及琢製的方法等，表明玉器手工業的成熟。而當時玉器工藝的中心一是北京，另一是蘇州，所謂「良材雖集京師，工巧則推蘇郡」[註10]。根據歷史之記載，明代玉料的來源，主要依靠西域諸國的進貢以及商旅貿易[註11]。而進貢內廷的玉料似乎並非如想像般儘是上選，如景泰七年（1456年）撒馬兒罕「所貢玉石，堪用者二十四塊，六十八斤，餘五千九百餘斤不適於用」，因為「蕃使多賈人」，他們「所進玉石悉粗惡」，「私貨」卻「皆良」[註12]。加之官方管理的鬆弛乏術，進入內地民間市場的玉料就頗有些檔次較高的，而且數量也很驚人，據說，當時京城的幾家店鋪每年出手的玉料就達5000斤[註13]。官方壟斷優質原料的流失，其實意味著民間玉器工藝潛在的巨大消費能力，因此就不難理解為什麼時人稱「蘇郡之民，遊手遊食者多，即有業，亦不過碾玉、點翠、織造機繡等役」了[註14]。而在另一則史料裡甚至略帶誇張地說：「即以吾蘇郡而論，……金玉、珠寶……如山如林，不知幾千萬人。」[註15]已經把玉器手工業當作維持市鎮經濟良性發展的主要產業了。

註 8 參看李紹強等著：《中國手工業通史・明清卷》上篇第二、三章，福建人民出版社，2004年。

註 9 宋應星：《天工開物》卷一八。

註10 宋應星：《天工開物》卷一八，頁453。

註11 宋應星：《天工開物》卷一八，頁452：「凡玉由彼地纏頭回，或溯河舟，或駕橐駝，經莊浪入嘉峪，而至於甘州與肅州。中國販玉者，至此互市而得之，東入中華，卸萃燕京。」

註12 引文見張廷玉等撰：《明史》卷三三二《西域傳四》，中華書局校點本，1985年。

註13 劉若愚：《明宮史》，頁66，北京古籍出版社，1980年。

註14 陳夢雷等編：《古今圖書集成・食貨典》卷一〇三，徐憲卿《條奏被災疏》，巴蜀書社影印本。

註15 顧公燮：《銷夏閑記摘抄》卷上，商務印書館「涵芬樓秘笈」本，1917年。

在這樣的市場環境裡，加上文人的鼓吹，就湧現出玉器史上最著名的玉人陸子岡。張岱在《陶庵夢憶》卷一中不僅稱他的「治玉」技巧為「吳中絕技」之一，「上下百年，保無敵手」，而「其良工苦心，亦技藝之能事，至其厚薄淺深，濃淡疏密，適與後世鑒賞家之心力目力，針芥相對，是則豈工匠所能辦乎？」^{（註16）}簡直就是把他當成真正的藝術家來傳頌的，這一點在尊卑有別的傳統文化中是極為難能可貴的。從今天傳世的大量風格殊異的「子岡」款作品來看，「陸子岡」是被看作高檔玉器製品的代名詞而得到認可，並被仿冒和盜用。從陸子岡其人到這一「品牌」的傳播，透露了那個時代的氛圍對於玉器工藝製造的顯著作用^{（註17）}。

明代玉器的生產也分為官、民兩個體系。明朝政府機構御用監下設有「玉作」，供給宮廷使用，其中有相當數量的作品是依據古禮複製的禮器，風格比較端莊敦厚，審美趣味相對保守。而民間玉器工藝適應市場的需求，具有濃厚的世俗氣息和時代特點，自由地追求新奇和富麗。前者以明早期山東魯王朱檀墓及中後期的江西益王墓和定陵等帝王陵墓出土製品為代表，而後者則有為數更多的考古發現與傳世作品為證。通過與實物的對照，可以看到二者之間既相互區別又相互滲透的耐人尋味的歷史狀態。

從實物上看來，無論是宮廷還是民間的玉器工藝都受到文人化趣味的影響，追求「精雅」的境界。這和玉材本身的價值有關，它決定了消費物件以社會的上層人士為主，而當時流行的宣揚生活格調的文人著作，如高濂的《遵生八箋》等，使較高層次的文化體驗和審美標準成為操作性很強的一些規則，得以貫徹到玉器工藝中來。具體而言，則包含幾方面：從品類上說，大量文具的生產，是流傳至今的明代玉器作品的特點之一，它們裝點了儀式化的文人生活方式，成為悠閒生活手冊裡輾轉抄撮的重要部分。從題材上說，充斥仿古類器型與紋飾，滿足了菁英階層對古代文化的追慕。明人張應文曾記隆慶四年三月吳中四大姓召開清玩會，展示大量各式古玉，一時傳為佳話^{（註18）}。據統計，宋代編印的古代器物圖譜《宣和博古圖》與《考古

註16 張岱：《陶庵夢憶》卷一。

註17 請參閱本書第九部分。

註18 張應文：《清秘藏》卷下「敘所蓄所見」條，《美術叢書》初集第8輯，神州國光社影印本第4冊。

圖》，在1588年至1603年間，竟然先後翻印七次[註19]，雖然品質不一，但卻明顯地啟發了玉器工藝的創作，促成了一種似與不似之間的仿古風格的形成。同樣的，山水、詩句等紋飾更被直接裝飾到器物上，直接採用文人畫的構圖，用一種淺浮雕的手法，來營造幽遠的空間意境。而對於玉的顏色、玉料的優劣[註20]，以及作品的評價，文人著作裡都有一整套理論，這些也都影響了玉器工藝的發展。比如高濂就在書中推崇宋代玉工「碾法如刻，細入絲髮，無隙敗矩，工致極矣！盡矣！」並舉所見一尊〈張仙像〉為例，說「縐處布為衣褶」，因此有「如畫」的韻味。又有「高玄帝像，取黑處一片為髮，且自額起，面與身、衣純白」。實際上是運用俏色的意匠。與之相似的還舉出〈子母貓〉、〈墨玉大塊〉、〈彌勒〉等，然後感慨「余見大小數百件皆然，近世工匠何能比方？」但這還無法與漢代玉雕工藝相比，「漢人琢玉妙在雙鉤碾法，宛轉流動，細入秋毫，更無疏密不勻」，其效果「交接斷續，儼若遊絲白描，曾無滯跡」[註21]。在這裡，他不僅指出漢、宋玉器工藝的高標準，而且使用了「如畫」、「儼若遊絲白描」等語[註22]，以繪畫批評術語和審美境界來進行玉器賞鑒，對提升玉器工藝技術水準和美學品質，乃至其在藝術領域中的地位，都有指導價值。

不過，明代玉器工藝在「雅」的追求以外，也沾染了世俗意味。比較明顯的是，吉祥圖案被廣泛運用到作品中，這些圖案裝飾性很強，大多構成簡單，或諧音，如蝠，或引申，如靈芝等，並沒有深刻的文化內涵，充分表明了對幸福生活的嚮往已經成為社會的整體氛圍。而吸取相關工藝門類的題材和工藝特點，也是此時玉器常見的做法。如對雕漆錦紋地子的仿製，對竹、牙、角雕等的借鑒，既豐富了玉器工藝自身的表現力，也很好地適應了受眾的需求。在今天能夠看到的一些明代玉器作品上，特別是二三層鏤雕，往往

註19 Craig Clunas, Superfluous Things:Material Culture and Social Status in Early Modern China, p.97，轉引自余佩瑾《形色之古——晚明〈遵生八箋〉的陶瓷鑒賞》注36，載〈古色：十六至十八世紀藝術的仿古風〉，頁301，台北故宮博物院，2003年。

註20 參看本書第二章。

註21 高濂：《遵生八箋·燕閑清賞箋》卷一四，頁418下-420下，「論古玉器」條，書目文獻出版社影印萬曆十九年雅尚齋刻本。

註22 我們在大約同一時期的著作，如《清秘藏》、《長物志》等中也看到用語相似的評論，除去蹈襲成說的因素外，似乎也表明了某種時人普遍認可的觀念。

表面一層琢磨平滑，拋光瑩潤，有玻璃質光澤，而裡層較粗糙，顯露碾琢痕及鏤空邊緣不圓滑的細微鋸齒痕，形成了一種特殊的裝飾效果，因而有人以為這是有意為之[註23]。但是也有的意見認為這裡面固然有工藝繁難的因素，但省去進一步細磨的工序，是為了減少工時，降低成本，可能才是最重要的原因，至於獨特效果則是意外的收穫。經過工匠們的摸索，在精工和省時之間找到了平衡點，從而成就一個時代的玉雕風格。後世鑒賞家常常以「粗大明」來概括此一時期的玉器工藝特點，雖難免以偏概全，但在一定程度上也未嘗不符合事實。

明代社會文化的變遷，以及衍生出的雅、俗精神的張力，對於玉器工藝產生的影響是極為複雜的，絕非三言兩語所能講清楚。

本書積數年之功，在故宮博物院豐富的清宮舊藏傳世玉器基礎上，首次嘗試將其與已發表的考古資料比對，條分縷析地進行爬梳整理，並系統地歸納研究，從而呈現出比較完整而清晰的明代玉器工藝的發展與演變軌跡，為進一步研究提供了可資借鑒的框架，也彌補了向來明代歷史研究中的一個空白。

劉　岳

寫於2006年11月

註23 參看李久芳〈明玉碾琢工藝特徵及仿古作偽的鑒別〉，載《傳世古玉辨偽與鑒定》，紫禁城出版社，2005年。

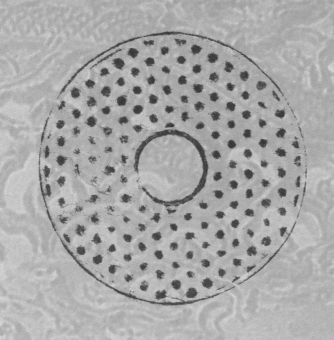

明代玉器的主要分期特點

明王朝前後統治276年，其間經歷了多個發展階段，政治及經濟的階段性發展影響到了藝術及工藝品生產領域，玉器的生產、製造也出現了不同的時代特徵。明代玉器的分期及階段特徵的確定，是明代玉器研究的重要內容，也是識別明代玉器所必須掌握的基本知識。目前，明代的瓷器、漆器、金屬器的主要時代特徵已經明確，這就給玉器分期及時代特徵的研究提供了條件及可資借鑒的材料。

明代玉器分期特徵的研究存在著一定的難度，其原因在於多數明代玉器為傳世品，且不帶有製造年款，有款識的明代玉器數量稀少，不能透過有款玉器排列出明代玉器發展序列，確定明代玉器發展主要時期的風格特點，也不能透過有款玉器劃清明代玉器與宋、元玉器的區別界限，只能在元、明、清玉器的總體遺存中排除前、後時期的作品，而取其中，同時借鑒其他工藝品特徵加以比較。

明代玉器的考古發現為這一問題的研究提供了科學的基礎，雖然其數量少，不成體系，且其中所包含的明代以前的作品仍需進一步鑒別。但透過這些發現，我們能夠不斷擴大對明代玉器分期特徵的認識。

一、明代早期玉器

明代早期玉器的確定，大致透過三種方式進行：對考古發掘的明代玉器的特徵進行研究比較；研究與宋、遼、金、元玉器風格繼承關係的作品；借鑒其他藝術作品的造型、風格。

〔一〕考古發現的明代早期玉器重要作品

明代早期墓葬的考古發現有多處，其中有少量玉器，主要情況如下：

1.山東魯王朱檀墓出土的玉器。朱檀為明太祖朱元璋第十子，封為魯王，其墓屬明早期墓葬[註1]。墓葬中出土了多種玉器。

A. 玉圭

墨玉圭，長29.5公分，寬6公分，厚1.1公分。長方形，條狀，一端凸起圭

註1 〈發掘明朱檀墓記實〉，《文物》1972年5期。

角，棱角方正且平直，表面光亮，有斑坑，分布不均勻。

白玉圭，長25.4公分，寬6.2公分，長條狀，一端凸起圭角，棱角方正，表面光亮。〔圖1〕

兩件作品用料較好，墨玉圭所用的玉料，屬白色玉混滲墨色者，局部色重，略黑，局部較淺，色近似於青。類似的玉料在漢、戰國及清代玉器中也多有使用，但黑色較集中者甚少，一般都呈芝麻斑狀。白玉圭所用玉是經過篩選的上等玉料，極為難得。白玉自古以來便是玉中珍品，《禮記》中有「天子佩白玉」之說，目前見到的明代以前的玉器中，白玉作品一般都較小，究其原因亦在大件白玉料之罕見。這件玉圭所用白玉料應為河床中撈得的籽料，即可取出25.4×6.2公分的方、直玉板，原玉籽就應有相當的體積，這樣的玉材，在採礦業發達的今天也是非常珍貴的，其在當時的珍貴程度可想而知。

自古至明代，圭一直是非常重要的禮器，明代帝王墓葬中圭的配製情況，更說明在明代宮廷中對於玉圭使用的重要程度，朱檀墓隨葬的兩件玉圭，素而無紋飾，用黑白兩色玉，表明陰陽兩極的對立與轉化。墨玉圭的使用，本身就極富神秘色彩，《尚書》有「禹錫玄圭」之說，所謂「玄

〔圖1〕明　白玉圭

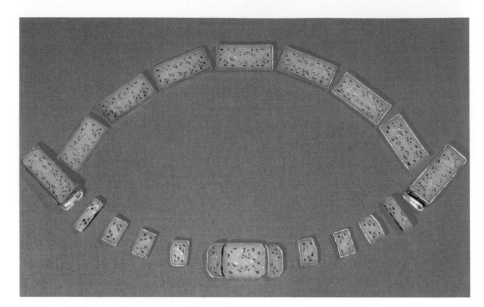

〔圖2〕明　金鑲白玉帶板

「圭」極易理解為黑色之圭。此墓之圭或為來自中央的賞賜。

B. 玉帶

朱檀墓出土玉帶二副，其中一副「以二十五節組成，帶頭三節是用雙層透花金片鑲各色寶石和珍珠，其餘各節用金片鑲白玉片上透雕成靈芝花紋。」另一玉帶繫於朱檀身上，共二十三節，素面玉片綴在一條紅絲帶上。筆者在山東省博物館看到過前一條玉帶上的數塊玉板，尺寸分別為2.8×6.1公分五塊，2.8×5.7公分兩塊，2.8×6.7公分兩塊，2.8×1.9公分六塊，皆為長方形。4.4×4.4公分一塊，方形，半月形板兩塊，3.7×1.6公分帶扣一塊。以上帶板皆於側面及背面包金，玉板及金托皆鏤雕，白玉、無沁色。〔圖2〕

鑲金且嵌寶石的玉帶在元、明、清作品中並不多見，足見其珍貴。這副玉帶不繫於身而隨葬於墓，亦或為宮廷的賞賜，是明代「玉帶」制度的表現。玉帶的形制同後來定制所用玉帶大體相似，以方板和長方板為主，帶板的塊數較多，沿襲了元代玉帶的使用習慣。

南京地區發現的明代早期墓葬中，大將汪興祖墓及徐達五世孫徐甫夫婦墓最具盛名，兩個墓中都出土有玉帶。汪興祖墓出土的玉帶飾，分為鉈尾及銙兩種，皆透雕雲龍紋，作品整體較厚，圖案有一定深度，層次間界不甚明確，表面微隆起，玉質白色、光澤明亮。龍為起舞狀，其形接近於元代圖案

〔圖3〕明　青玉硯

中的龍形，上唇長而上挑，細頸，身多曲，同天安門前華表頂上所雕蹲龍近似。作品表現出明初玉器的用玉、圖案、加工特點的某些特徵，為研究明代初期的玉器提供了線索。

C. 玉硯

板狀，長16.2公分，寬9.5公分，高4.2公分，青玉。局部光澤較強，橢圓形。〔圖3〕

D. 玉杯

高3.2公分，口徑7.3公分，五瓣花形，略圓，一側有柄，呈花枝狀，花枝盤入杯底為足，柄及杯足的結構非常簡練。〔圖4〕

〔圖4〕明　白玉葵花杯

E. 玉佩

二副，原發掘報告稱，「一副刻雲龍紋描金，佩下繫珩，自珩下繫五串玉珠，中間連以瑪琚，下垂玉花，雲螭，玉璜，上有雲鉤」，「佩掛身之兩側。」由此而知，二副玉佩為懸掛式組佩。

2.湖北鐘祥明梁王墓出土玉器[註2]

湖北鐘祥市大洪村發現的明梁莊王墓，出土有大批玉器。梁莊王，明仁宗第九子，生於永樂九年（1411年），封為梁王，諡號「莊」。墓中出土的數量較多，不完全資料表明，組合類玉器約有四十餘套，其中一些作品為明代以前製造，其餘為明早期玉器或玉石作品，較重要的作品為：〔圖5～8〕

A.圭：青玉素圭，長25.7，寬6.6，厚1.1公分，長方形尖首，與朱檀墓出土玉圭同；穀圭，略小，長15.8，寬4.8，厚0.8公分，玉質略差，暗青色，表面琢突起的穀紋縱排五行，穀粒八十三粒，以管形鑽套鑽琢出，周邊留有環形鑽槽，行間有寬陰線。作品的加工方式與特點與定陵出土玉圭同。此玉圭的出現說明，此種玉圭不僅明代後期流行，在明前期也已流行，並表現出玉器形制變化的緩慢與傳統影響的強大。

B.荷葉童子：高5.3公分，寬3公分，厚2.7公分。童子為蹲跨式，雙手執荷葉梗，葉搭於右肩。此為明代初年作品，保留有宋、元玉童子遺風，同宋元玉童子相比，衣紋略複雜，動

〔圖5〕明 綠松石童子

註2 〈湖北鐘祥明代梁莊王墓發掘簡報〉，《文物》2003年5期。

〔圖6〕明 玉佩

作略活潑，髮型略有不同。

　　C.組佩玉：包括以串珠、玉組合之佩與玉葉、玉件組合之佩。

　　D.花、鳥紋玉飾件：分為佩墜及嵌件，風格接近宋、元作品，圖案簡練，琢製圓潤。也有一些作品圖案鋒稜畢露，不尚磨工。有牡丹、瓜果、孔

〔圖7〕明 青白玉鏤空帶飾

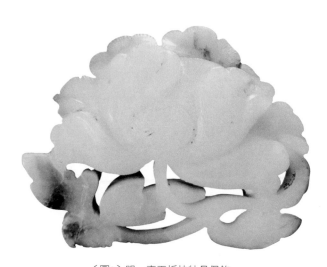

〔圖8〕明 青玉折枝牡丹佩飾

雀、海東青撲鵝等作品。

　　E.絛環：有玉兔朝元帶飾，作品外緣為一圓環，中部為荔枝樹，樹下大、小二兔仰望雲月。作品兩側有孔，上可穿帶。

　　F.鏤雕龍紋帽頂：兩件，一件高7公分，長7.8公分，寬7公分。質地為白玉，蟠龍紋，龍身側有雲紋。圖案風格與元代作品類同。

　　G.玉帶：九條，其中一副嵌玉二十片，玉片名為三台、六桃、兩輔弼、二

鉈尾、七排方。

〔二〕傳世的明早期玉器代表作品

在存世的明代玉器中，有一部分可以確定為明代早期的作品，這些作品主要分為如下幾類：

第一類：為帶有款識的作品。故宮博物院藏有數件帶有宣德年款的明代玉器，曾因工藝品中宣德年款的複雜性而未予確認。其中的一件白玉彎月形環托鶻鵝飾件，帶有陰線「大明宣德年製」、「御用監造」款識，因兼有「製」、「造」二款而引起研究者的疑慮，款識的真偽未予認定。近年來在明代掐絲琺瑯器的研究中明確了數件帶有「大明宣德年製」、「御用監造」款的作品為宣德年明宮廷所造，證明帶有「製」、「造」二款確為宣德時宮廷用器的一種著款風格。據此，白玉彎月形飾件屬明宣德年所製已無疑問。

玉飾整體為弧形，封閉形邊框，中部鏤雕鶻捕天鵝，款識琢於邊框的背面。鶻、鵝的雕琢沿襲了金、元玉器的風格，呈半圓雕狀，造型略複雜，羽毛的表現注重細部，有密集的短陰線，組織結構與明代後期的作品相似。這件作品表明了明代初期玉器對金、元玉器的繼承和變化。故宮以外的藏品中也有傳世的宣德款玉器，一些作品也有類似的風格。〔圖9〕

第二類：為具有明初典型工藝品裝飾風格的作品。依據圖案風格和裝飾風格，可以確定明、清宮廷遺玉中的一些作品為明代初年所製。以下為這一時期玉器中的典型作品。

1. 帶有龍紋的作品

白玉團龍環形帶飾，直徑8.6公分，鏤雕一龍，身團成環形，尾幾近於首，環正面圓雕正面龍首，龍首起伏，背面較平坦，有一環式鈕。作品應為人身正面所用帶飾，初次發表於《古玉精萃》，標為明代，後又發表於《故宮博物院藏文物珍品全集》四十一冊，標為元代。觀其作品，龍形確有元代玉龍風格，蛇尾鱗身，肘部粗壯，正面有橫帶紋並縱向的弧形陰線界，腿毛呈向後飄拂狀。但同元代玉雕作品相比較，作品中的龍頭短而方、龍髮短而開散，龍頭及龍身的雕琢圓潤而不見棱角，這些特點在元代玉器上是不曾出現的，尤其是作品的鏤雕布局，絕無元代多層鏤雕作品具有的無層次分界、多穿透的風格，因而作品的製造時期約為元、明之間，又以明初為宜。

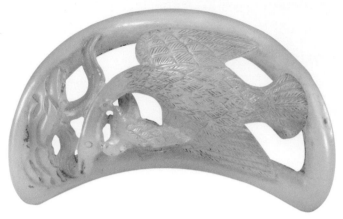

〔圖9〕明　白玉蘆雁代扣花佩

2. 飾片狀圖案的器物

宋元以來，一些器物所飾圖案，呈凸起的平面狀，圖案簡練，所留空白較少，尤以平面感很強的大花、大葉為典型，花、葉的邊線少棱角，這類風格延續到明宣德時期，又以永樂宣德時的作品最為明顯。明初玉器中也有這類圖案作品，代表作品有如下幾種：

玉花卉紋碗，高7.4公分，徑13.9公分，圓形、撇口，較厚重，口沿飾一周回紋，碗外雕牡丹、山茶、菊花等花朵並枝葉。花葉的構型同明前期雕漆作品圖案有共同之處，面積較大，表面呈平面狀，少有陰線葉脈，邊緣圓潤，中部微凸。這一類浮雕裝飾風格在明早期頗為流行。漆器、牙角雕刻、玉器中都能見到同一風格的作品。

雲龍紋白玉帶板，一套二十件[註3]，白玉製成，二十片板皆鏤雕龍紋，龍頭呈條狀，前部略寬，上唇上捲，同紫禁城中永樂朝石雕龍紋相似。帶板的上部鏤雕「工」字形錦，與明中、晚期流行的九疊類天錦有別，具有明顯的明早期玉器風格。

3. 厚胎、弧腹、夔耳或獸面紋圖案玉器

安徽省考古發掘的宋朱晞顏墓、元范文虎墓，各出了一件仿古玉卣[註4]。

註3 見《古玉精萃》圖120。

註4 《中國玉器全集》（五），河北美術出版社。

朱墓出的宋代玉卣兩側為雙夔耳，腹部飾獸面紋，圖案簡練而淺浮雕。范墓出土玉卣兩側為筒式貫耳，腹部飾弦紋，兩件玉卣皆厚胎弧腹。從已確定的傳世宋、元玉器皿來看，厚胎器物佔有較大的比例，這一宋、元玉器特徵影響了明代初年玉器。

第三類：為與宋、元玉器風格相近的作品。考古發掘及傳世玉器研究確認了一批宋元及明代玉器，可以看出宋、元玉器的製造方式及加工工藝影響到了明代初年的治玉，因而明代初年的一些玉器作品，部分地保留了宋、元玉器的風格。這一點南京汪興祖墓出土的玉帶飾表現尤為明顯。

清宮遺存玉器中，有一批作品風格與宋、元玉器類似，但又有所變化，這些作品很多，常見的有玉童子、玉魚及前面提到過的仿古玉彝器、玉帶飾、玉動物、仿古玉佩飾、劍飾、透雕玉飾件等。

玉童子在宋代已較為流行，考古發現中亦有作品，作品具有肥褲、緊衣、五官簡練、衣紋短而少呈直線或弧線的特點。明代遺址的考古發現中，也出現了類似風格的作品，一些作品只是略顯變化，另一些作品雖然有較大的變化，但依然有宋、元作品遺風，這些作品應為明早期製造。

考古發現的宋、元時期的玉魚多見有尾部略大且較靈活，尾、身相接處略細，有腮弧，環形眼或坑式眼等特點。依據這些特點，人們把一批傳世玉魚定為宋、元時期所製。

傳世玉器（包括清宮遺玉中）還有一批玉魚，與宋、元作品近似但又有變化，是宋、元玉魚影響下產生的作品，按照其影響在明代逐漸減弱的變化過程推斷，與宋、元玉魚風格相近的作品中，明早期作品應佔較大的比重。這類作品主要有魚尾略小呈扇形，魚腮至尾有一道水線，魚身飾有「米」字形花紋，魚鱗呈連弧狀等不同類型。

宋、元時期，透雕玉飾件已呈多種風格，以三類作品最為顯著：

· 較薄的玉花片。這類作品多為頭飾嵌片，是自唐、五代頭飾嵌片發展而來，以四川廣漢窖藏玉花片為代表。作品圖案無明顯層次，但局部的花瓣、花葉似有立體表現，透雕。作品的圖案緊湊，透空部位較少。

· 似已引入圖畫風格的作品，多為花鳥、魚蓮，整體圖案講究佈局，可作為「玉圖畫」的早期萌芽態。如一些〈春水〉玉作品。

· 花卉圖案的鏤雕玉佩。如陝西戶縣出土的元代白玉透雕竹節環形梅花牌

（註5），這三類作品也對明代玉器產生了影響，人們往往把與宋元這幾類作品相關而風格又有變化的確定為明代早、中期製造。

與宋元作品相比較，它們有下列特點：有玻璃光，圖案較稀疏，花瓣簡練，且打凹為透雕花片；作品較厚，但表面較平，圖案層次較少的透雕萌態「玉圖畫」；邊框發生變化，為較平的連珠紋、竹節紋等幾何或植物紋邊框，中部圖案較圓潤，主題圖案面積較大。

在傳世玉器中有一部分作品在造型及裝飾風格的很多方面具有宋、元玉器特點，但較目前已由考古發掘證明的宋、元標準玉器體積略大，這些作品中的一部分應為宋、元時期所製，一部分則為明代初年製造，多見以下作品：

・玉爐，較常見，多為青玉或白玉、獸吞耳、厚胎，口略外撇，口外略向下飾凸起的小獸面，爐腹飾較少的獸面紋，獸面縱、橫尺寸大體相當。獸眼為中部寬，兩端小的棗核形。口下飾鏤雕夔紋，風格接近宋朱晞顏墓出土玉卣所飾夔紋。

・玉英雄杯。以《故宮博物院藏文物珍品全集・玉器》中，圖200所錄為代表，作品高9.9公分。

・乳丁紋玉器，多為玉圭、玉爐、玉杯等。

・玉觚。以《故宮博物院藏文物珍品全集・玉器》中，圖179為代表，作品高22.7公分。此類作品多為方柱或圓柱體，內空，有底，外飾獸面紋及蟬紋。

二、明中晚期玉器的重要考古發現與作品風格

〔一〕江西明益王族墓出土的玉器

1.江西南城明益藩羅川王族墓發現於1964年，死者體部注水銀，屍體保存完好，發現時墓已被破壞，器物多有散失。出土一銅鏡上有銘文：「萬曆己丑年任小軒鑄造」，說明此墓入葬年代在萬曆己丑年之後。墓中出土玉圭一件，玉帶一條，玉佩一組並二粒玉珠。玉圭長20公分，寬5公分，厚11公分，素面，色淺綠，邊線平直，頂部呈上凸的鈍角；玉帶板一套二十片皆白玉素面，近似於圓形六片，各寬4.2公分，長方形小條四片，各長4.2公分，長方帶板八塊，其

註5 上海博物館：《中國隋唐至清代玉器學術研討會論文集》，2002年9月。

中四片略短，寬度約4.2公分，尾兩
片，寬度約4.2公分；玉佩一組十四
片，素面，其中委角長方形玉片四
片，四角鑽孔三角形玉片四片，邊沿
處有凹、鑽孔，小玉片六片，鑽孔，
表面似有錦紋。墓中有墨書清單，記
入殮物品，「正典服所今將成造殮衣
數目開具於後」，其中記玉器：「素
玉帶一條，玉佩一件」。對於玉圭未
有記錄，因玉圭非此次成造，而為前
期存物，或因玉圭非服飾類。

　　墓中所出圭、帶板、組佩是明
代流行的玉器，使用範圍又很廣泛，
在宮廷玉器中也佔有相當分量。這幾
類作品都為素面，除使用者身份因素
外，也表現出一種用玉時尚[註6]。

　　2.朱祐檳為朱元璋六世孫，成化
二十三年封為益王，嘉靖十八年去
世，墓葬為夫婦合葬，出土器物多件
[註7]。

　　玉圭，長15.2公分，寬5.1公分，
厚0.8公分，玉呈青綠色，長方形，
一端凸起鈍角式圭角，兩面飾凸起的
乳丁紋，一面為八十一粒，乳丁大而
凸起，較平，出於彭氏頭部左側。
〔圖10〕

　　玉帶，白色脂玉，素面無紋，

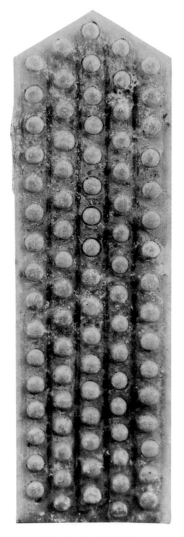

〔圖10〕明　青玉穀紋圭

註6〈江西南城明墓出土文物〉，《考古》1965年6期。
註7〈江西南城朱佑檳墓發掘報告〉，《文物》1973年3期。

出土時環於朱祐檳腰部，帶板二十塊，皆厚0.65公分，其中6.9×4.8公分方板五塊，8×4.8公分方板兩塊，6×4.8公分方板一塊，6.55×4.8公分方板兩塊，2.2×4.8公分長方板兩塊，1.95×4.8公分長方板兩塊，桃形板4.6×4.9公分六塊。

玉佩，二副，由四組玉片組成，上組為一片雲形玉片，上有金質掛鉤，下垂珠鏈，繫一片近似於方形的玉片及二片圭形玉片為第二組，垂珠鏈結一片近似橢圓形玉片為第三組，再下為一雲形玉片，兩側各一半圓形玉片組成末組。組佩中的方形玉片及圭形玉片同元張士誠母墓出土成組玉佩中的一些玉片近似。

玉掛飾，上部為一杠形玉飾，其下掛多道玉葉組成的串飾，串飾上、下兩端掛有玉鴛鴦、小玉魚、茄形玉飾等，玉件長度約3至4公分。此類玉掛飾定陵亦有出土。

玉人兩件，長6.4公分，厚1.8公分。

玉羊兩件，長7.2公分，厚0.8公分，呈臥狀，小頭大尾，回首。

玉魚兩件，長7.1公分，厚0.7公分。

玉泥鰍一件，長11.2公分，頭寬2公分。

鏤雕玉佩一件，寬7公分，厚0.3公分，為較薄的鏤雕玉片，八瓣花形，鏤雕單層圖案。

3.明益宣王朱翊鈏及李、孫二妃合葬墓發掘於1979年，墓中發現的玉器可分為三組。第一組出於朱翊鈏棺內，其他兩組出於其妃李英姑及孫氏棺內[註8]。

第一組：玉器

瑪瑙七梁冠，高3.5公分，近似於立方體，上部有七梁，兩側為捲雲式，捲雲中有一孔，可插髮簪。〔圖11〕

玉帶，白玉，光素無紋飾，僅十九片。

玉佩，上部為銀鉤，其下為雲形、方形、橢圓形等玉片組成掛飾。

玉豬兩只，長10.5公分，寬2.7公分，仿漢，邊棱略圓。

玉鴛鴦，長5.3公分，寬3.3公分，高4.2公分，為一臥式鴛鴦銜蓮，身下一荷葉。

第二組：李英姑（嘉靖十七至三十五年，1538～1556）墓出土：

註8〈江西南城明益宣王朱翊鈏夫婦合葬墓〉，《文物》1982年8期。

玉帶一條，嵌玉二十片，厚0.6公分，寬5.2公分，為心形、長方形、圭形，光素，長度不一。

玉圭，長15.5公分，寬4.9公分，厚0.7公分，乳丁八十一粒。

玉佩，柳葉形片六十四個，菱形片三十個，魚形片八個。

玉戒指四個，上半環戒面略寬，徑2公分。

玉扣花，蜂、花扣花四副，鴛鴦扣花五副。

第三組：孫氏（嘉靖二十年至萬曆十年，1541～1582）墓出土：

玉帶兩副，一副為二十塊，與李氏墓同，另一副十六片，玉片雕牡丹花形並描金，有的下面帶環。

玉佩，十二塊，有璜、沖牙、魚等，上部金鉤內刻「銀作局嘉靖六年六月內造金玉錢」。

玉飾，兩件，頂部包金葉，另有圓茄形玉四件。

〔圖11〕瑪瑙髮冠

〔二〕定陵出土的玉器^{（註9）}

定陵位於北京北部的十三陵地區，是明萬曆皇帝的寢陵。《定陵》一書所記發掘到隨葬的主要玉器如下：

金托玉爵，白玉，高11.5公分，

註9 《定陵》，文物出版社，1990年5月。

〔圖12〕金托玉爵

〔圖13〕金托玉執壺

口長13.2公分，寬5.6公分，爵身呈元寶形，透雕，龍柄。〔圖12〕

金托玉執壺，青玉，高26.5公分，鼓腹，正中琢「壽」字。〔圖13〕

盆，白玉，外折平沿，高6.3公分，口徑29公分，底徑22公分，重20.5克。

玉盃二件，白玉，斂口圓腹。

金蓋金托玉碗，白玉，高7公分，口徑15.2公分。〔圖14〕

銀託盤雙耳玉杯，高5.5公分，口徑5.8公分。

皂盒，白玉圓筒形，平口，直腹平底，似矮足，高6.8公分，徑8公分，厚0.4公分。

〔圖14〕明　金蓋托白土碗（定陵出土）

　　璧，六件，白玉無紋，直徑7公分，孔徑2.5公分，厚0.7公分。

　　禮器，三件素片，疊放於朱漆盒內，上面一件六角形，對角長11.5公分，厚1.5公分，孔徑1.1公分；中間一件為方形玉片，邊長9.8公分，厚1公分，孔徑1.1公分；最下件為圓形，徑3.4公分，厚2公分，孔徑1.7公分。

　　玉墜，一件，桃形。

　　八角形玉飾一件，白玉，八方形玉片，琢龍鳳紋，描金。

　　萬曆皇帝首飾：

　　白玉頂嵌寶金簪，四件，為二對，簪上部為「喜」字托，其上嵌寶。

　　玉簪二件，一為Ｗ15.62方錐形，頂部履斗式，長9.3公分；另一件Ｗ15.63，錐形，上部稍曲，圓拱形頂，長8.7公分。

　　孝端皇后首飾：

　　嵌寶玉佛字金簪，長10.6公分。

　　嵌寶玉𠙶字金簪，嵌有綠玉，「𠙶」字，兩件，長8.1公分。

〔圖15〕明　白玉鏤空壽字鑲寶石金簪

鑲寶玉壽字金簪，長9.3公分，三件。〔圖15〕

鑲寶玉萬壽金簪，長9.9公分，三件。

孝靖皇后首飾：

鑲寶玉佛銀簪，通長15公分，一件。

鑲寶玉觀音銀簪，兩件，其中一件長11.1公分。〔圖16〕

鑲寶玉人銀簪，三十一件，其中一件長11.1公分。

玉帶飾、帶鉤三件，分別為白玉嵌寶石、碧玉嵌寶石、瑪瑙嵌寶石。

玉帶板多套。

玉圭五件：山紋描金鎮圭、脊圭、圭、乳丁紋圭兩件，乳丁為管鑽鑽出，

不甚凸起。

玉帶共十條，Ⅰ型六條，每條二十塊：W75，碧玉；W165、W88，白玉；

〔圖16〕明　白玉鏒金絲鑲寶石鎏金銀簪

W160，白玉。正中一塊長方形帶板，側面刻陰線「大明萬曆丙午年製」；
W161，碧玉。Ⅱ型一條，碧玉飾件十三塊，長方形一件，小長條一個，桃形
四件，有方孔桃形四件，尾兩塊。Ⅲ型三條，每條飾白玉十二件，一式一條飾
刮玉飾九件，尾一件，帶銅玉帶扣及玉方策各一件，二式二條，正中一塊為橢
圓，兩側各四塊為桃形，鈍尾一，帶扣、方策各一。

　　玉帶鉤兩件，龍首嵌寶石。W48白玉，長14.2公分，寬2.5公分；W187，碧
玉，龍首，鑲寶石，長11公分，寬2公分。

　　玉圭八件，四件出於萬曆棺內兩端胸前，四件出於隨葬箱內。

鎮圭一件，W43，白玉陰刻山紋，長27.3×64×1公分。

脊圭一件，W44，白玉，中部後脊，脊兩側有二道弦線，26.8×5.9×0.9公分。

穀圭四件，W42，碧玉，23.2×4.4×1公分，兩面飾穀粒一百零八粒，其餘三件均白玉，每面飾穀紋八十一粒。

素圭兩件，青玉，W244，25.8×6.6×0.9公分，X136，19.8×5×0.8公分。

〔三〕上海地區明代墓葬中發現的玉器

上海地區在考古發掘中發現了較多的明代墓葬，出土了一些玉器。這些玉器中多數作品為明代製造，個別作品為前朝遺物。發表材料較為集中的是打浦橋工地七座明墓〔編號93打，M1～M7〕所發現的玉器[註10]。該墓地發掘於1993年，出土玉器三十二件，其中十七件縫綴於一條額帶上，皆為嵌片。這一批玉飾所表現的器物，圖案是非常豐富的，玉飾的加工工藝也較複雜，較多地採用了鏤雕，較好地表現出了蘇杭地區的玉器加工及使用特點。這一批玉器的大致情況如下：

1. 前朝製造的玉器

玉器中有白玉剛卯一件，方柱體，長2.2公分，寬1公分，四面刻篆書三十二字：「疾日嚴卯，帝令夔化，慎爾固伏，化茲靈殳，既正既直，既觚既方，赤疫剛癉，莫我敢當。」字為刻畫而成，多複筆，字體與安徽亳州漢墓出土剛卯刻字相似，此作品應為隨葬的漢剛卯。

編號93打M4墓出土的白玉鏤雕孔雀、牡丹紋嵌飾，長5.6公分，四瓣海棠花形，周邊為條形底托，中部鏤雕孔雀、牡丹、湖石、靈芝。作品嵌於紫檀木硯屏之上。玉飾件的左側有一明顯的鉤孔，可以看出作品原為與帶鉤相配合，用於人身的帶飾，這類帶飾或稱為縧環，在無錫元代錢裕墓已有出土。此作品圖案鏤雕深遠，無明顯的層次界限，靈芝與孔雀圖案亦有宋、元玉器圖案風格，製造年代為宋、元時期的可能性較大，應早於木製硯屏的製造時間。

2. 延續了宋、元玉器風格的作品

白玉執枝童子（出自M4）、白玉執荷童子（出自M4）、青玉臥童（出自

M1）三件作品的風格中有某些與宋、元時期的作品有相通之處，表現於衣褲的肥大與整體的團縮，頭部比例略為偏大，衣褶多為簡練的、排列稀疏的短釘線以及手部與腕部的處理。但三件作品出於不同的墓葬，因而屬前朝遺存又入葬的可能性很少。明代文獻中有吳中地區仿漢、宋玉器的記載，這類作品極可能是明代出現的仿宋作品。

白玉雙體魚形墜（出自M7），長4.8公分，寬2公分，厚1.4公分。似鯉略寬，身無鱗，尾短而分叉，魚尾及划水上有密集的陰線，魚眼呈小坑狀。作品的尾型、眼型及背鰭具有宋代玉魚風格，可視其為宋、元時期的作品。

3.典型明代風格的作品

A.多層次鏤雕片飾（出自M47）

白玉透雕飛天，一對，長5.7公分，寬3.5公分，整體似雲朵狀，中部雕飛天，直身、下身著裙彎向一側，飛天身旁有鏤雕的飄帶，似錦地。

白玉鏤雕松鹿嵌飾，高4公分，寬3.1公分，橢圓形，片狀，嵌於銀質霞帔墜上部。下層為鏤雕松枝紋錦地，上層為松下雄鹿，鹿足下有山石，鹿身、松幹、松球表面呈平面化。

白玉鏤雕秋葵綬帶嵌飾，直徑4公分，圓形片狀，外周為環形，上層鏤雕秋葵花葉並綬帶鳥，傍有鏤雕枝幹，下層亦為鏤雕枝幹，有較明顯的分層鏤雕感。

白玉鏤雕牡丹綬帶嵌飾，長6.6公分，寬4.6公分。菱形，多層鏤雕牡丹花枝，似幾個平面錦地，上層雕牡丹花葉並雙綬帶鳥，鳥與花朵表面呈平面狀，鳥羽為平行的陰線，眼為管形鑽鑽出。此件與上件玉同嵌於銀霞帔墜上。

以上白玉飾件同出於M4，又有銀托，作品為同時製造。

B.單層鏤雕片飾

主要為額帶上的飾玉，多為片狀。

白玉團龍紋帶飾，局部鏤雕，片狀，團龍紋，表面較平，有陰線刻出的紋飾。

白玉鏤雕螭紋飾，一對，片狀，局部鏤雕，螭頭略方，長髮，團身，兩前足似前伸，左後足蹬，右後肢屈而貼腹，螭口銜靈芝。

白玉鏤雕鳳紋飾，一對，片狀，其外包金。鳳翅下垂，刻平行線，其間有密集的短斜線，組成翅羽，尾呈四股向後飄的長帶，尾端略寬，刻短陰線，以示羽。

白玉鏤雕荷葉水草紋飾，一對，片狀外包金片。荷葉中部略凹，呈四瓣海棠式。其旁有葉莖、水草、茨菇。

白玉鏤雕雁銜草紋飾，一對，片狀，其外包金片。雁形欠準確，身較平，身及翅上有短陰線以示羽。

白玉鏤雕牡丹紋飾件，一對，片狀，造型簡練，花外側飾粗陰線網格紋，似示花心，葉上飾幾道短陰刻線。

白玉鏤雕梅花帶飾，一對，片狀，梅花呈五瓣狀，表面略平，中心有網格線，花旁有簡單的枝葉。

C.圓雕、半圓雕玉飾

白玉菱形飾，似河菱狀，整體呈三角形，用粗陰線在表面進行分割，邊緣呈凸凹變化。

白玉圓雕蟾形飾，一對，其下金托，蟾為白玉製，兩前足，身後一足似尾，頭、頸部有幾道簡練的陰刻線。

白玉圓雕雙體鳥形墜，長3.6公分，厚1.5公分。似兩個片狀玉鳥重疊，粗頸，圈形眼，翅上部為網格紋。翅端平行線示羽，有孔可穿鏈。

透過考古發現及存世明代玉器的考察可以看出明代中、晚期玉器的一些特點：

玉器的製造與使用存在著地域差別。江南地區發現的明代玉器多為人身用玉，玉件的體積較小，青玉、白玉佔的比重較大。這一地區玉器製造工藝發達，作品中片狀透雕工藝大量出現，器物加工精度較高，圖案佈局較密，有較濃的生活情趣。北京地區發現的明代中晚期玉器，宮廷用玉及宮廷用玉風格影響下的作品佔有較大比例。作品較深厚，圖案中螭紋、獸面，辟邪較多，花卉圖案亦多大花大葉，圖案圓潤，立體鏤雕作品多呈外繁內疏之勢，器物邊、角打磨較少，表面有較強的光澤。江西地區發現的玉器多呈傳統樣式，如掛佩、圭等，一些器物為前朝舊物或古物。益宣王墓中出土的瓜葉式玉帶飾、獅紋玉帶飾都是北京、江南地區未見的，較為獨特。

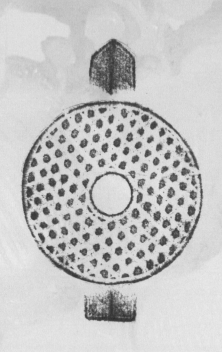

明代玉器的用玉特點及鏤雕工藝

一、明代使用的玉材料

　　中國有使用玉材的悠久歷史。新石器時代已製造了大量的玉器,從新石器時代的玉器上可以看出,當時的人們已經有了明確的「玉」的概念,同時還可以看出,「玉」的表現往往不是一種材質,而是同器物相結合,以玉為器且以器言玉,而這時的玉器又帶有超出一般石器使用價值的代表神、代表權力、代表美感及工藝選擇的象徵性意義。在有關新石器文化的考古發掘中,還能見到當時人們把玉器作為財產、財富的內容。

　　甲骨文中出現了「玉」字,說明在商代玉材已作為一種獨立的材料而被人們認識。已發現的商代玉器表現出,這一時期使用的玉材是多種多樣的,而其中南陽玉、新疆透閃石玉及蛇紋石玉佔有相當大的比重。玉材作為一種材料被人們推崇,主要表現在周代以後的文獻中,文獻中談到玉時,多沒有涉及玉的定義範圍。《禮記》一書雖然成書較晚,但書中所記孔子對於玉的十一德的論述,應是較完整的對玉的認識:「夫昔者君子比德於玉焉,溫潤而澤,仁也;縝密以栗,知也;廉爾不劌,義也;垂之如隊,禮也;叩之,其聲清越以長,其終詘然,樂也;瑕不掩瑜,瑜不掩瑕,忠也;孚尹傍達,信也;氣如白虹,天也;精神見於山川,地也;圭璋特達,德也;天下莫不貴者,道也。詩云:言念君子,溫其如玉,故君子貴之也。」[註1] 除去其中有關道德的比附,可以看出,「溫潤而澤」是指光澤及透光性,「縝密以栗」是指質地的細密。「廉而不劌」似指硬度,「垂之如隊」是指排列。其後的《說文》對玉的解釋也大致圍繞著這一內容,《說文》釋玉,「石之美者有五德……。」[註2] 這樣一種對玉的認識及擇玉的觀念,自孔子之後一直為人們所遵循。

　　從考古發掘的古代玉器來看,古人使用的玉材多種多樣,其主要標準是堅硬、溫潤、質地細密、似有紋理,商代以後的玉器中,代表性作品多為新疆透閃石玉製造,或為接近新疆透閃石玉材的玉料,同時也使用了蛇紋岩類玉料及

註1 《禮記》,《十三經注疏》,中華書局,1983年。

註2 《說文解欄位注》,成都古籍書店,1981年。

南陽玉等良種玉料。

　　明代的玉材使用，延續了中國古代的用玉體系，保留了傳統的用玉觀念及選擇玉材的方式。

　　在玉材的選擇上，以新疆玉中的精品為上品。新疆地區自古便以產玉出名，學者研究，新疆玉料的開採已有五、六千年的歷史，最遲在商代，新疆玉料就已大量進入內地，戰國以後，新疆玉料便成為玉料的主流。這一情況在明代仍未改變，對此，明代文獻中多有記載，明人宋應星所著《天工開物》有「凡玉入中國，貴重用者盡出於闐。」[註3]曹昭在《格古要論》中亦講「玉出西域於闐國，有五色，利刀刮不動，溫潤而澤，摸之靈泉，應手而生。」[註4]這兩則記載表明，新疆是明代中國玉材的主要來源地，也說明明代新疆玉在質地方面一般的優於其他地區產的玉料。

　　新疆玉進入內地，有官方及民間兩種管道。官方管道是朝廷派人去新疆採辦，文獻記載明代「世宗改郊壇禮，甚勞費，朝日夕月等壇玉爵，各用其方之色，因極意購求紅、黃二玉，終不獲。回回館通事撤文秀言，二玉產阿丹，去吐魯番西南二千里，乞依宣德時下番事例往求可獲，部以遺言非例，責陝西撫按於邊地訪求。」[註5]此一條說明宣德時宮廷曾派官員去新疆採辦玉器，也說明在明代新疆一帶，統稱為「回回」。除官方的採辦，新疆玉料進入內地主要憑藉商賈，新疆玉材販入中原，始自古代，據學者考證，自商周以來，就存在著一條新疆玉料販運至內地的玉石之路，各族商販沿著這條玉石之路，源源不斷將新疆玉料及地方特產販入中原。元明時期，稱這類玉、石料為「回回石頭」，販玉石者多為「回回」，亦有本土人士。元代學者陶宗儀《南村輟耕錄》記：「回回石頭，種類不一，其價亦不一，大德間，本土巨賈中賣紅刺一塊於官，重一兩三錢，估值中統鈔一十四萬錠，用嵌帽頂上……。」[註6]到了明代，玉石販賣接近專業，《國朝典故》記蘇州「閶門一店家，專館賣玉石回回。」[註7]由此可知其買賣行為的繁盛。進行玉料販運之人，除「回回」外，多為內地商人。《天工開物》記，最初，由「纏頭回」即頭部用布纏繞的少數

註3.4 轉引自桑行之等編：《說玉》，上海科技教育出版社，1993年。

註5 見黃云眉：《明史考證》，中華書局，1984年。

註6 見元陶宗儀：《南村綴耕錄》，中華書局，1959年2月。

註7 見明鄧士龍：《國朝典故》，北京大學出版社，1993年4月。

民族，用船經水路或駝經旱路，將玉璞「經莊浪入嘉峪而至於甘州與肅州」[註8]。內地商販也到此地進行買玉，然後運至內地，「玉工辨璞商下定價而後琢之」。當時玉材的主要銷售地是北京及蘇州，「良工雖集京師，工巧則推蘇郡」。此兩處是當時南方與北方的兩個治玉中心。

自山中得到的玉料稱為山料，水中摸出的卵石狀玉料稱為子料，明代使用的新疆玉料，多出自河中。《天工開物》一書記載，採玉之河發源於阿耨山，至蔥嶺分界為兩河，一曰白玉河，一曰綠玉河。「夏日水漲，璞隨湍流徙或百里或二三百里」。採玉之人需於河床或水中摸玉，「凡璞隨水流仍錯雜亂石淺流之中，提出辯認而後知也」。其地採玉也有俗規：「國人沿河取玉者，多於秋間明月夜望河候視，玉璞堆積處，其月色倍明亮」、「其俗以女人赤身沒水而取者」[註9]。河中取出之玉稱為璞，玉璞外表的顏色同內裡之玉往往不一樣，外表往往風化嚴重，色如朽石且硬度變低，宋應星曰：「世間琢磨有軟玉，則又非也，凡璞藏玉，其外者曰玉皮，取為硯托之類，其值無幾」[註10]。而玉璞的內裡應是玉材，因為河裡之璞經水沖刷，已經多次滾動，若其中有較大的裂隙，璞必撞裂而碎，因而一般玉璞內裡的玉材少裂而堅實，但無太大玉料。「璞中之玉有縱橫尺餘無瑕玷者，帝王取以為璽，所謂連城之璧，亦不易得，其縱橫五、六寸無瑕者以為杯斝，此亦常世重寶也。」

明代人對於玉材的品評大致有三個方面，其一是玉材的質地，由於當時尚不能用化學成份及礦物學成份來表示，則一般的用玉產地及真偽之法名之；其二是玉色，也就是不同顏色的玉料之間的比較；其三是同種顏色玉料間不同的紋理及純度的比較。

關於不同顏色玉材的比較，自古已有之，且是古代用玉等級制度中的一個重要方面。《禮記·玉藻》有「天子佩白玉而玄組綬，公侯佩山玄玉而朱組綬，大夫佩水蒼玉而純組綬，世子佩瑜玉而綦組綬，士佩瓀玟而縕組綬」[註11]的記述，這裡，將玉的顏色與不同地位的人群相組合，表現出玉色之間的等級差別。白玉、山玄玉、水蒼玉、瑜玉應是白色玉、青色玉、碧玉、褐色玉，瓀玟是近似於石的次玉。組綬其物，《後漢書·輿服志》有「韍佩既廢，秦乃

註8.9 轉引自桑行之等編：《說玉》，上海科技教育出版社，1993年。

註10 見明宋應星：《天工開物》，商務印書館，1954年。

註11 見《禮記·玉藻》，《十三經注疏》，中華書局，1983年。

以採組連結於璲，光明章表，轉相結受，故謂之綬」之句。究其意，綬似為連結玉佩的帶子。也就是說，古代用玉制度中，不同身份的佩玉者使用的玉色不同，繫玉所用帶子的顏色也不同。《禮記》所講的這一套玉色及帶色使用方式，對後來的佩玉方式產生了很大的影響，這在漢以後很多朝代的佩玉制度中都能表現出來，其對於明代用玉的影響，也是非常明顯的。

明代不同時期、不同地區的不同人物對於玉色的選擇也不盡相同。宋應星在《天工開物》中講：「凡玉，唯白與綠兩色，綠者中國名『菜玉』，其赤玉、黃玉之說，皆奇石琅玕之類，價即不下於玉，然非玉也。」[註12] 也就是說，只把玉分為白玉、綠玉兩類，這樣就把白玉、綠玉兩類玉的顏色範圍擴大了。目前我們能看到的明代玉器，真正能稱為白色或綠色的玉很少，多數都為青玉，而依宋應星的說法，青玉中色淡的則歸入白玉，色重的則應歸入綠玉。赤、黃之色不為玉，其實我們若看定陵入葬玉器，似與這一說法相近，而山東朱檀墓出土玉器中有墨玉圭，江西明益王墓中出土的褐色玉鴛鴦也不能歸入白玉、綠玉兩個類別。這裡應該注意的是綠色玉的使用。目前考古發現的明代玉器中，屬真正綠色的玉器，應是定陵出土的碧玉嵌寶石帶鉤，傳世玉器中能確定為明代的碧玉作品也是非常少的。

明人高濂著《遵生八箋》解養生進步之道，其中〈燕間清賞箋〉專述收藏賞玩，對於玉材的品評，高濂認為：「玉以甘黃為上，羊脂次之。蓋黃玉不易得，故為正色，白玉時有之，故為偏色。今人賤黃而貴白，以少見也。然甘黃如蒸栗色者佳，焦黃為下，甘青色如新柳，近亦無之。」[註13] 高濂認為在有色之中，黃玉少而不易得，白玉則常能見到，因而以黃玉為上。如果我們看明代的玉器，考古發掘的黃玉作品幾乎沒有，傳世玉器中也很難確定明代的黃玉作品，因而可以說，在明代，黃玉是非常珍貴的玉料。

明人張應文著《清秘藏》又提出以紅色玉為最佳：「色以紅如雞冠者為最，餘僅見一漢印及一扇墜，然大特職龍眼耳。黃如蒸栗者次之，白如截肪者次之，墨如點漆者次之，甘青如新嫩柳，綠如鋪絨者次之，創匯必蓄也」[註14]。這裡所言的紅如雞冠，黃若蒸粟，白如截肪，墨如點漆，是漢人王逸所言

註12.13.14 轉引自桑行之等編：《說玉》，上海科技教育出版社，1993年。

玉之符，是漢以後直至清人所崇尚的紅、黃、白、黑色玉的標識。而其中白若截肪、黃若蒸粟、墨如點漆在流行的玉器中有近似的玉料作品，雖為稀有卻存在，紅如雞冠的礦物是有的，但天然的紅如雞冠的玉礦，或曰玉材，幾乎不見，張應文所言見到的龍眼大小的漢印、扇墜，很難言明是天然色澤，也很難確認是玉料。目前能見到的紅色玉材多色如鐵鏽，與其說是紅色玉，不若說是褐色玉。

對於同質、同色玉材好壞的比較，歷來為識玉者所關注。玉材與建築用彩石的一個不同點，就在於玉材的千差萬別。即使是同一塊玉材，此一部分就可能劣於另一部分，因此擇玉選玉，量材製器便是治玉中的重要環節。透過文獻可以看出，在明代人們選擇玉材時，注意了真玉與假玉，山料玉與水撈玉，同質玉中的色澤、紋理差別等幾個方面。

真玉與假玉的區別，歷來為用玉者所關心。一則是玉的概念中含有某些不確定的成份，二是玉與石確有區別。《禮記·聘義》中就記有子貢與孔子關於玉與似玉之石的對話：「子貢問於孔子曰：『敢問君子，貴玉而賤珉者何也？』『為玉之寡而珉之多輿？』」這裡所說的珉就是似玉之石。《禮記》所記若不謬，可見孔子一派學者，對於玉與珉石的區別是非常明確的。同樣，唐宋典籍中亦記有識別玉材真假的技術，而對於這個問題，明代研究玉的人也沒有錯過。張應文在《清秘藏》中重申了《東坡志林》中東坡先生以磁鋩試玉的觀點：「辨玉者以金鐵不入者為真，東坡先生云：珉之佳者金鐵亦不能入，必磁鋩不入者乃真玉也。」[註15] 這裡強調的是玉材的硬度，一般金鐵及鋼材，硬度不超過5.5度。而磁鋩也就是磁器的尖狀釉面，硬度在6度以上。所謂磁鋩不入應是一定硬度的玉材。但是具有一定硬度的礦物種類很多，其中有一些似玉而非玉。同時還有人用人工燒造的材料冒充玉料。這些情況已引起明代收藏家的重視，曹昭在《格古要論》中指出：「罐子玉、雪白罐子玉係北方用藥於罐子內燒成者，若無氣眼者，與真玉相似，但此真玉則微有蠅腳，久達不潤且脆甚。」[註16] 所謂用藥燒成者，應是現今所講的料器，屬玻璃類。古代至現代的很長一段時間內，大部分的玻璃器因燒造技術所限，玻璃體內帶有氣泡，表面出現氣眼。罐子玉即指用燒煉法製成的，冒充玉料的玻璃。曹昭還指出了一些

註15.16 轉引自桑行之等編《說玉》，上海科技教育出版社，1993年。

具有一定硬度，似玉而非玉的石類材料：「句容茆山石，有水石，冷白色，或有水路，或有飯糝，好者與真玉相似，雖刀刮不動，終有石性，不溫潤，宜仔細辨之。」[註17]

許多辨玉者認為，山料玉與水料玉之間在材料的光澤與細密度上存在著差別，而在明代文獻中已有區別這兩類玉材的明確記載。《清秘藏》記載：「大塊劈片玉料，從山石中槌擊取出，厚非于闐昆岡西流水中天生玉子，謂之山材，低於水料一等矣。」[註18]高濂在《遵生八箋》中亦涉及了山料玉與水料玉的區別：「今時玉材，較古似多，西域近出大塊劈玉料，謂之山材，從山石中槌擊取用，厚非于闐昆岡西流水中天生玉子，色白質乾，內多綹裂，俗名江魚綹也，恐此類石若水材為寶，更有水玉，美者白能勝玉，內有餘糝點子可以亂真，低於水料一等矣」[註19]。自明以來，多數鑒玉者認為山料遜水料一籌，其意水料泡於水中，常年濕潤而使玉料更有溫潤感。其實水料亦來自山中，只因山洪將玉料自山上沖下，多經碰撞有綹裂者俱碎。所餘玉子極少綹裂。且所含岩層間的紋理亦不明顯，才被鑒玉者譽為好料。而山料玉中雖有綹者居多，但也有無綹少紋的好料。

除新疆玉及類似新疆玉適用玉材料外，明代人還使用了其他玉料。《天工開物》說：「西洋瑣晨有異玉，平時白色，晴日下看映出紅色，陰雨時又為青色，此可謂之玉妖，尚方有之。」、「朝鮮太尉山有千年璞中藏羊脂玉，與蔥嶺美者無殊異。」《格古要論》說：「沙子玉，此玉罕得，比之白玉，此玉粉紅潤澤，多作刀靶環子之類，少有大者。」兩處所言皆白玉有紅色，實物非常難尋，僅見一些作品，在太陽光下微有色變。

明人又注意到了同色玉中玉色深淺程度的差別，並由此確定玉材的珍貴性。古人把玉色好壞的標準稱為「符」，東漢王逸談玉符有「赤如雞冠，黃如蒸栗，白如截肪，黑如純漆，玉之符也」之說。高濂所言玉色的標準大體沿襲了王逸之說，《遵生八箋》有「其黃如蒸栗者佳，魚黃為下……甘青色如新柳……碧玉色如菠菜，深綠為佳，有細墨灑點、有淡白間雜者次之，墨玉如漆者佳……紅玉色如雞冠者可貴……綠玉類碧色少深、翠中有飯糝者佳，外此七種皆不足取矣。」高濂所言七種玉應為白、黃、青、碧、墨、紅、綠。由此我們

註17.18.19 轉引自桑行之等編《說玉》，上海科技教育出版社，1993年。

可看出明代人用玉的多樣性。曹昭在《格古要論》中也列出了七種玉及其色尤者的標準：「白玉其色如酥者最貴，但冷色（即飯湯色）、油色及有雪花者皆次之。黃玉如粟者為貴，謂之甘黃，焦黃者次之。碧玉其色，青如藍靛者為貴，或有細墨星者，色淡者皆次之。蓋碧，今深青色，墨玉其色黑如漆，又謂之墨玉，價低。西蜀亦有之。赤玉其色紅如雞冠者好，人間少見。綠玉深綠色者為佳，色淡者次之。其有飯糝者最佳。甘青玉，其色淡者而帶黃。」

二、明代玉器的鏤雕工藝

鏤雕是中國治玉工藝中的傳統技法。所謂鏤雕，是指在一塊玉料上進行多次穿插透雕，或由預留的實體部分組成圖案，或由雕出的空白部分組成圖案，一些研究者稱片狀的單層圖案鏤雕作品為透雕作品。鏤雕技法在新石器時代即已出現，如良渚文化遺址出土的片狀玉觿、玉冠形器，均為鏤雕作品，還有石家河文化遺址出土的鏤雕片狀玉鳳，傳世的紅山文化玉獸等。

戰國時期，玉器鏤雕出現高潮。主要作品為片狀器物，其上帶有單層鏤雕穿透紋樣，同時出現了少量的立體性鏤雕。戰國的鏤雕風格一直影響到漢魏時代。

宋元時期，玉器的鏤雕工藝有了新的發展。1952年上海青浦縣元代畫家任仁發及其家族墓地的考古發掘中，發現了一件鏤雕鷺鷥荷葉圖案的白玉爐頂[註20]。作品為近似於圓柱狀的立體造型，鏤雕繁密的鷺鷥荷葉圖案，圖案層層遞進，一直深入到爐頂的中心部分。1960年，江蘇無錫市元代錢裕墓的考古發掘中發現了一組鏤雕玉鉤環[註21]。其中的帶環上，飾有鏤雕的鶻捕天鵝圖案，為茂密的荷葉水草，一隻天鵝逃竄於水草下，頭頂上空有一鶻鷹，欲啄鵝腦。圖案的塊面較大，鏤雕部分較少。構圖景致深遠，表現出一定的景深。兩件作品所表現的鏤雕風格可追溯到宋金時期，它們的特點在於圖案的立體化，背景有一定的深遠感，鏤雕去掉的部分較少，構圖簡練，有體塊感。在鏤雕中較多的使用了實心鑽的鑽孔技術。

註20 〈上海市青浦縣元代任氏墓葬記述〉，《文物》1982年7期。
註21 〈江蘇無錫市元墓中出土一批文物〉，《文物》1964年12期。

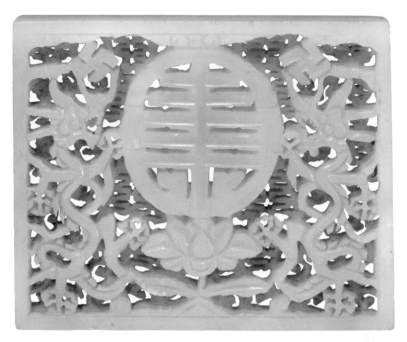

〔圖17〕明　青玉壽字雕龍小插屏

　　明代玉器的鏤雕工藝，便是在宋元玉器鏤雕工藝的基礎上發展起來的，常見的明代鏤雕玉器主要有下列幾種情況：

〔一〕單層鏤雕的片狀玉器

　　這類玉器在考古發掘中已多有發現，上海打浦橋明墓出土的玉器有兩類較具代表性。一類以額帶所飾玉件中的鏤雕作品為代表，這類作品為較厚的片狀，鏤雕動物或花卉圖案，圖案表面較平，圖案的各組成部分在同一平面上，細部用淺、深不同的陰線表示。構圖簡練，無複雜的裝飾。另一類以白玉透雕飛天為代表。作品主體為飛天，周圍有裝飾性的飄帶，飛天所佔體積較大，構圖簡練，飄帶則單細、繁密，帶有明顯的裝飾性，人們常稱這種作品為透雕玉器。〔圖17〕

〔二〕多重鏤雕的片狀作品

　　這類作品以明代的鏤雕玉帶板最為典型。明代有一類玉帶板，圖案採用了多重鏤雕的形式，主題圖案為一個平面，其下一層圖案組成另一個平面，其下

拓片〔1〕明　玉鏤雕雙人圖案飾件

再有一層圖案組成又一平面。下面的圖案或為裝飾，或為主題圖案的延伸。作品的圖案呈現為不同的層次及不同的圖層，對此種風格的鏤雕作品，一些人稱之為「花下壓花」。《故宮博物院藏文物珍品全集》四十一冊圖168的鏤雕壽字玉帶板可為代表。這一風格的鏤雕作品，在明代玉帶板以外的其他作品中也多有表現。〔拓片1〕

〔三〕多重鏤雕的弧面玉飾

　　無錫錢裕墓出土的玉帶環，似可分為上下兩個部分。下部為一周較粗的托環，上部則為凸起的鏤雕圖案。這件作品的出土證明，這類橢圓型、上部有凸起圖案的作品在元代已十分流行。這類玉器在傳世玉中大量存在，其時代自宋元至清，跨越了幾個歷史時期，用法也多種多樣，其中以帶飾為多，也有木製如意上的嵌件。從圖案風格上可以確定一些作品為明代所製，如故宮博物院收藏的兩件鏤雕圓形龍穿牡丹玉件，皆為正面龍頭，其髮短而於腦後分綹，龍頭總體呈等腰梯形，短臉，眼由管鑽鑽出，似留鑽痕。就造型特點看，製造年代應為明代。作品圖案為鏤雕，結構意境無深遠之感，表層圖案明快，下層圖案多為細長的帶狀交插，似蔓草。作品表現的是明代鏤雕玉器的又一風格。有關其用途，兩件作品邊緣的底部皆為圓環狀，其中一件左側邊緣處有一個大孔，應是與帶鉤配套使用時的鉤孔。另一件雖為鏤雕作品，但穿孔繁密而細小，不

能穿帶掛鉤，作品本身應是嵌於它物上的飾件。有人稱這類作品為如意瓦。〔拓片2〕

〔四〕鏤雕的立體體塊玉器

這類作品在漢代就已出現，宋元時期已很流行，目前考古發現的作品，有東北地區出土的銜蓮玉魚（金代）、上海地區出土的元代玉爐頂，以此為標準，可以確定一大批屬宋、元時期的鏤雕玉器，也能使我們明確宋、元時期玉器鏤雕的特徵。

明代的鏤雕立體體塊玉器，考古發現的非常少，見有山東朱檀墓出土的明早期花式玉杯，北京出土的雙螭耳玉杯及江西出土的玉香筒、瑪瑙七

拓片〔2〕明玉雙螭抱璧

梁冠。這些作品所表現出的鏤雕風格，同宋元時期的作品已有不同。對明代鏤雕玉器的認識，一方面來源於已知的考古發掘材料，另一方面還源於對傳世玉器的排比、鑒別。

在清宮遺存玉器中，有一大批鏤雕作品。這些作品皆於整體或局部的體塊上進行鏤雕，鏤雕時對體塊進行大比例的剔除，所餘玉材多為花枝狀，外虛而中空，外層疏枝空寥，內心或空而無物，或有一兩枝細枝。這類作品同宋元鏤雕玉器比較有明顯的區別，同清代鏤雕作品比較亦有明顯不同。例如，清代器物若帶鏤雕雙耳，蓋頂，則鏤雕體塊偏小，外形規整，如若中空則外層密實，起伏較少，其視若罩。這類作品則型大而虛，與之不同。對比宋元時期的鏤雕作品及清代鏤雕玉器，可以看出，這類風格的技法是宋元玉器鏤雕向清代鏤雕發展的中間環節。若以北京地區明代萬氏墓葬出土的螭耳杯等作品進行比較，可以看出鏤雕部位體積較大而剔除部位較多這兩個方面。清宮遺存的這類作品與明代考古發掘發現的某些玉器具有共同的特點。另外我們還可以看出，具有這一鏤雕風格的清宮遺存作品，在造型、花紋等方面，皆具有明代玉器的

風格。因此，可把這一玉器鏤雕風格確定為明代體塊狀玉器的鏤雕風格。明代玉器中的鏤雕立體體塊大致可以分為幾種情況：

　　1.整體性的鏤雕作品。如鏤雕玉爐頂、花插、玉香筒等。

　　2.帶有較多鏤雕裝飾的玉器。如簪頭部位呈鏤雕花卉狀的玉髮簪，腹部鏤雕螭紋的玉帶鉤，上部為花瓣狀，下部為鏤雕枝幹式足的玉花插。〔圖18〕

　　3.帶有鏤雕柄、耳的器皿。多為杯、壺，一側有執者為柄，飾於兩側者為耳。故宮博物院收藏的花耳花卉紋尊，其形略高，凸腹，束頸，撇口，橢圓形足。腹的四面及頸部四面都帶有體塊狀裝飾，頸的前後面有凸起的小截及鏤雕小螭。頸兩側為鏤雕花耳，耳型似筒而中空，其外為鏤雕花枝、花葉，為這類作品的典型。

〔五〕鏤雕錦紋地

　　所謂錦紋，是以四方連續圖案排列的平面圖案，也就是以一個小的圖案為單元，進行橫向及縱向排列，佈滿一定的面積，錦紋上一般還有其他圖案，錦紋則被稱為「錦地」或「地子」。錦地的使用在唐代工藝品中已大量出現。如河南地區出土的唐代玉梳背上也使用過「十」字形錦地。

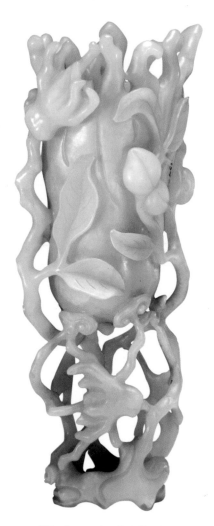

〔圖18〕明　青玉鏤空佛手花插

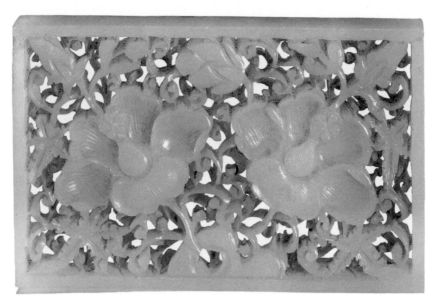

〔圖19〕明　青玉鏤雕花卉小插屏

宋、元時期，江南地區雕漆作品中較多地使用了錦地，其圖案組織形成了一些
較為固定的樣式。如代表天、地、水的錦紋，組織結構多相似，這些紋樣先是
影響到明代的雕漆，又影響到明代玉器的製作。〔圖19〕

　　目前，元代玉器中尚未確認使用平面的鏤雕錦紋圖案的作品。而明代玉
器中鏤雕錦紋已大量使用。上海陸氏墓的考古發現中，有一件鏤雕方形玉牌飾
[註22]，其上琢有鏤雕錦地，錦地的構成如同元、明雕漆圖案中的天錦。以相排
列的長帶疊而呈「之」字狀。多重疊壓，空白處為排列的短「＋」狀。目前能
見到的帶有這一鏤雕錦地的明代作品大致有三類：一類為玉牌飾，一類為玉插
屏，一類為玉帶板。作品多為白玉，錦地之上的圖案略微凸起，表面較平，
與錦地成為兩個不同的平面。另外錦紋中的疊帶鄰接時，似乎有結，以結為中
心，疊帶又多呈「卍」形排列，似古代篆刻中常用的九疊紋。

註22　《中國玉器全集》五冊，圖222，河北美術出版社，1993年3月。

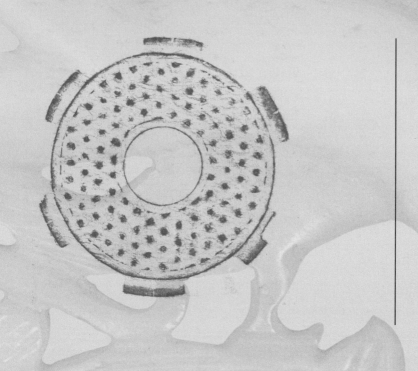

明代的玉禮器

一、明代文獻所記玉禮器

明代文獻中記載了有關玉禮器的使用情況，為我們瞭解明代玉禮器的使用提供了線索。

皇室用玉的記述主要見於《明史》。《明史·禮一》記載「神位祭器玉帛牲牢祝冊之數」中，記祭禮過程中的「玉帛牲牢」：「玉三等：上帝，蒼璧；皇地祇，黃琮；太社、太稷，兩圭有邸；朝日、夕月，圭、璧五寸。」[註1]

明代的祭祀，分為天地、宗廟、社稷、日、月等不同的神位：「凡神位，天地、祖宗曰『神版』，餘曰『神牌』」。所言「玉三等」是指在祭祀天地、社稷、日、月活動中的用玉情況。

祭祀天地用玉，是古代的傳統祭法，也是禮法。早期的記載見於《周禮·大宗伯》：「以玉作六器，以禮天地四方，以蒼璧禮天，以黃琮禮地，以青圭禮東方，以赤璋禮南方，以白琥禮西方，以玄璜禮北方。」[註2]這裡講的是用六種玉器祀天地四方。依據《周禮》這一記載，人們把這六種玉器又稱為禮器。《漢書》中對於六器的使用方式記載並不明確。漢以後的史書中則多有使用玉禮器的記載，陳志達先生在《殷墟婦好墓》一書中，將琮、璧、圭、璜等器列為禮器，據此而知，禮的使用在商代已經非常流行。而其源頭可追溯到新石器時代。

玉禮器的使用強調了器物、方向、顏色的對應。《周禮》所釋六器與方向、顏色的對應關係，為其後歷代所遵從，而六器的使用中，以蒼璧禮天及黃琮禮地最為重要。所謂蒼，應指青暗色，《莊子》有「天之蒼蒼，其正色焉」之說，蒼璧為禮天之器，其色亦為天之顏色，古人認為地雖有五色之土色，但黃色為其正宗；黃琮禮地也是器物、色澤及方位的統一。但明代使用的黃琮為何種形狀，至今人們尚不能確定。

《說文》釋「琮」：「瑞玉，大八寸，似車釭」。漢碑六瑞圖中所繪琮形似為片狀，清人段玉裁在注《說文》時有按曰，琮「本彀，空中不正圓，為八

註1 張廷玉等撰：《明史》，中華書局，1974年。

註2 《十三經注疏》，中華書局，1980年。

觚形。」^(註3)把琮釋為立體，柱狀，而明代人所謂的琮，是片狀，還是柱狀玉，我們尚不明確。

社稷之祭也是國家進行的重要祭祀。《周禮‧祭義》曰：「建國之神位，右社稷而左宗廟。」說明社稷是國家建立的，具有象徵性的神位，《周禮‧祭法》又說：「王為群姓立社曰大社，王自為立社曰王社，諸侯為百姓立社曰國社，諸侯自為立社曰侯社，大夫以下成群立社曰置社。」也就是說，社是有不同等級的。而社的主要內容為土，是土地的象徵。《周禮‧郊特牲》：「社祭土而主陰氣也，天子大社必受霜露風雨以達天地之氣也。」《詩‧小雅》有「以社以方」之句，其注曰：「社，五土之神，能生萬物者。」稷為五穀之神，禝與稷字相通，稷有禾苗之意。社稷本身狹義的理解為土地與收成，廣意的理解則代表著國家與社會生活。「玉三等」之等應是指不同的類別、等次，「太社、太稷，兩圭有邸」中所謂「兩圭有邸」，是與蒼璧、黃琮不同的玉器。使用圭璧有邸的最初記載見於《周禮‧大宗伯》：「四圭有邸以祀天族上帝，兩圭有邸以祀地族四望，裸圭有瓚以禮先王，以裸賓客，圭、璧以祀日、月、星、辰。」對於圭邸的解釋《周禮》有注：「圭本著於璧，圭來四出也。」這一注釋的準確性並不是絕對的，究其義，是將璧平放，圭立於璧上，圭的下端向四面出廓。宋人聶崇義在《新編三禮圖》中，將其繪成璧與圭的重合，在璧的圓廓之外出以圭角。

明代的朝日、夕月之祭，《明史‧禮三》有記載：「洪武三年，禮部言，古者祀日月之禮有六，……。」認為古文獻中有關日、月之祭，多非正祀，「惟春分朝之於東門外，秋分夕之於西門外者，祀之正與常也。」提出「今當稽古正祭之禮，各設壇專祀，朝日壇宜築於城東門外，夕月壇宜築於城西門外，朝日以春分，夕月以秋分，星辰則附祭於月壇。」對於禮部的奏言，回答是「從之」。洪武二十一年「帝……罷朝日、夕月之祭。」隆慶三年「禮部上朝日儀……制曰：『可。』」、「嘉慶九年……遂定春秋分之祭如舊儀，而建朝日壇於朝陽門外，西向，夕月壇於阜城門外，東向。」^(註4)透過這些記載，我們知道明代朝日、夕月之祭的一些情況，時令在春分、秋分，朝日之祭在城東

註3 《說文解字段注》，成都古籍書店影印，1981年。

註4 張廷玉等撰：《明史‧禮三》，中華書局，1974年。

的日壇，夕月之祭在城西的月壇。祭品是多種多樣的，其中的玉器是圭與璧。在這裡，我們不知道圭與璧是同時使用，還是朝日用圭，夕月用璧，在古代，日與月是陽與陰兩極的代表，若圭與璧分別使用，則圭屬陽，璧屬陰。

《明史‧禮二‧郊祀》記述了在郊禮中皇室搢圭的情況：「洪武元年冬至，祀昊天上帝於圜丘，……皇帝詣盥是洗位，太常卿贊曰：『前期齋戒，今辰奉祭，加其清潔，以對神明。』皇帝搢圭，三上香，奠玉帛，出圭，再拜復位。……皇帝詣神位前，搢圭、奠俎、出圭、復位。贊禮唱行初獻禮，皇帝詣爵洗位，搢圭，滌爵，拭爵，以爵授執事者，出圭。詣酒尊所，搢圭……皇帝詣神位前跪，搢圭，上香，祭酒奠爵，出圭……。」[註5] 這裡所說的「搢」圭，可能是將圭插入圭座。「出圭」與「搢圭」相對應，應是將圭拿起。明代宮廷使用的玉圭，《大明會典》繪有圖式，卷六十有〈鎮圭圖〉、〈玉圭圖〉、〈武弁服〉。〈鎮圭圖〉繪二圭式，皆長條形，尖頂，其一繪龍紋，其二繪線描圭形圖。「玉圭圖繪二圭式，其一為龍紋，其二為條紋，條紋圭的圭身有自上而下的條紋，下部有海水江崖紋。」，〈武弁服〉有圭說：「玉圭視鎮圭差小，剡上方下，有篆文曰『討罪安民』」[註6] 定陵地宮出土玉器中有多組玉圭，其中有山紋的鎮圭及條紋圭，與《大明會典》所標模式無大差別，可證《大明會典》之說無謬。

太廟所用祭器中的玉器，《明史‧禮五‧宗廟》中有記述：「詔製太廟祭器。……初，太廟每室用幣一，〔洪武〕二年從禮部議，用二白繒，又從尚書崔亮奏，作圭瓚。」[註7] 圭瓚的使用，《周禮》之中已有記載：「祼圭有瓚以祀先王，以祼賓客。」何為「瓚」？《說文》有釋：「三玉二石也。禮，天子用全純玉也，上公用駹，四玉一石，侯用瓚……。」[註8] 按照這一解釋，瓚是多塊玉的組合，「祼圭有瓚」則應是在似圭的器物上綴以多件小玉。這一解釋的確認，尚須對周玉器的考古發掘情況進行深入的考察。《詩‧大雅》有「瑟彼玉瓚」之句，其疏曰：「瓚者器名，以圭為柄。」[註9] 也就是說瓚是一種器皿。

註5 《明史‧禮二》。

註6 《大明會典》卷六〇，江蘇廣陵古籍刻印社，1989年8月。

註7 《明史‧禮五》。

註8 《說文解字段注》。

註9 見《十三經注疏》，中華書局，1983年。

而對於器形的解釋，專家多認為「器形如盤」。近古的一些使用者，往往把圭瓚製成類似於金勺玉柄的器物，而金器在流行的過程中極易被熔毀，因此明代圭瓚的實物目前非常不易得到。

二、明代玉禮器的實物及特徵

從文獻中可以看到，明代使用的玉禮器主要為圭、璧、琮。但這些器物並非單純禮器，還可以有其他用途。器物上的紋飾不同，則使用方法又可不同，其情況如下：

〔一〕圭

考古發掘到的明代玉圭可分為五種：素圭（山東朱檀墓出土）；帶有山形紋的白玉圭（定陵出土）；帶有條紋的玉圭（定陵出土）；大乳丁紋圭（定陵出土）；海水江崖紋圭。

《大明會典》繪玉圭兩種：帶有龍紋及海水江崖的圭；帶有山形圖案的圭。

依《大明會典》所繪及考古發掘玉圭來看，明代玉圭具有圭身較寬，兩側平行，底部方，上部圭角凸起，較矮等特點。故宮博物院所藏清宮遺玉中，除與上述《會典》及考古發現玉圭相同者外，尚有幾類玉圭有上述特點，應為明代作品。這些玉圭主要有：1.素面圭，較寬大，其上有清代琢刻的文字。2.帶有三星及海水江崖圖案的玉圭，圭的頂角較矮，圭身較寬，呈長方形，中部有凸起的脊線。

中部有凸起脊線的圭，在目前考古發現的任何時代的玉圭中尚未見到，明代玉器的考古發現中亦未見到，且清代使用的玉圭中，很多都是中部有凸起脊線的作品，確定脊線出現的年代，存在著一定的困難。清宮遺存玉器中有一款玉杯，兩側附雙耳，雙耳的上部為橫出的小圭，其下為簡化了的夔身，而橫出的小圭則中部有凸起的脊。這類作品一般被認為是明代製造，尤其是其中的一件鹿紋八角杯，還曾被認為是元代作品，就鹿紋杯的八方型及裝飾花紋看，製造年代絕不晚於明晚期。清宮遺存玉器中還有一批圭璧類作品，亦應為明代以前所製，圭中帶有凸脊，由這些情況判斷，帶有凸脊的圭在明代應開始流行。

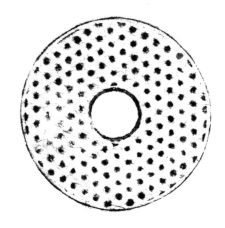

拓片〔3〕明　玉龍鳳穀紋璧

拓片〔4〕明　玉雙螭紋璧

另外，《大明會典》記皮弁服使用玉圭時曰：「玉圭長如冕服之圭，有脊並雙植紋。」這裡所謂的「有脊」則是指玉圭中部凸起的自上而下的脊線，脊線與雙植紋並存，如果定陵出土有雙凸線玉圭上的雙凸線就是所謂「雙植紋」的話，在定陵玉圭中是不見的。

〔二〕璧

定陵出土有玉璧，為明代當代的作品，青玉，璧的徑略小，較厚，中有小孔，表面素面無紋。此種璧應為禮器中使用的璧。

清宮遺玉中有大量玉璧，其中一些依紋樣及製造特點被認為是明代作品，大致有如下幾種：

1.青玉素璧。玉色青且發暗，或有條形斑紋，厚而有小孔，表面光素，與定陵出土作品相似。

2.乳丁紋璧。璧的一面為大乳丁紋，乳丁圓而略高，有些璧的乳丁周圍還有圓形管鑽加工時留下的痕跡。從明墓出土的多件玉圭來看，大乳丁紋的使用在明代非常盛行，這類清宮遺留乳丁紋璧應是明代作品。〔拓片3〕

3.螭紋璧。所飾螭紋帶有明代圖案特點，或為一面雙螭，另一面乳丁紋，或多螭分佈於璧的兩面。

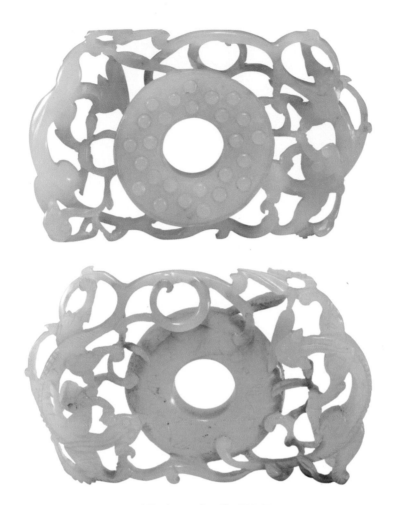

〔圖20〕明　青玉乳丁璧佩佩

〔圖21〕明　白玉凸雕雙螭穀紋璧

〔圖22〕明　青玉夔鳳璧

〔圖23〕明　青玉蟠螭蒲紋璧

〔拓片4、圖20、21、22、23、24〕

　　4.穀紋、蒲紋璧。一面飾穀紋，一面飾蒲紋，穀粒凸起處棱角較硬。清宮遺玉中有少量作品，加工特點同清代作品似有不同，觀者多認為是明代宮廷遺留。

　　5.其他紋樣，如蓆紋，臥蠶紋等。〔拓片5、6、7〕

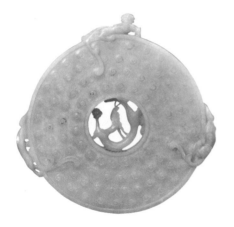

〔圖24〕明　青玉九螭蠶紋璧

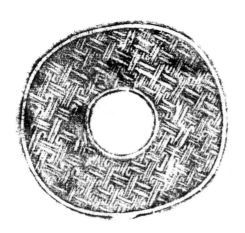

拓片〔5〕明　玉紋璧

拓片〔6〕明　玉夔龍夔鳳璧

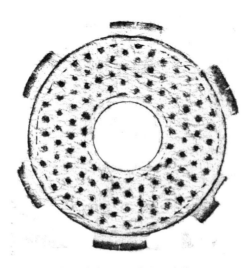

拓片〔7〕明　玉穀紋六齒璧

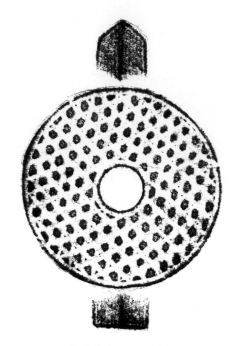

拓片〔8〕明　玉圭璧

〔圖25〕明　青玉圭璧

〔三〕圭璧有邸

　　傳世明、清玉器中有一款玉器，
作品仿照聶崇義〈三禮圖〉，其形為
圭與璧的重合，璧於圭的中部，上
部為圭角，下部為圭尾，過去，曾
定名為「圭璧」。查《大明會典》
卷八三，記有祭祀儀規，所記「朝
日壇」陳設有「玉爵三，紅瑪瑙玉
一」，「夕月壇」陳設中有「玉用白
璧一」。說明在祭祀過程中，「日」
用紅，「月」用白，「夕月」用白璧
而非「圭璧」，因而明代人對於《周
禮》關於「圭璧」的理解為「圭、
璧」二種玉器，那麼傳世玉器中的

〔圖26〕明　青玉圭璧

圭、璧合器，則應為圭璧有邸。〔拓片8、圖25、26〕

　　清宮遺玉中有幾款圭璧有邸應為明代作品：

　　1.**較大的圭璧有邸**。似一圭一璧疊壓，璧上有仿古勾雲紋。中心無孔，僅有孔形，白玉，有黑色條斑，圭上飾有乾隆御題詩句，觀詩可知作品為乾隆年以前的作品。〔圖25〕

　　2.**較小的白玉圭璧有邸**，圭長6.9公分，璧徑4.5公分，璧一面榖紋，一面蒲紋，上、下緣外出圭角、圭尾。為明代仿古作品。〔圖26〕

明代的服飾用玉及玉佩墜

服飾是附著於冕服之外的飾物，或玉或金，或銀銅或彩石。以玉為服飾的風俗自古有之，成為傳統，歷代宮廷制度中也多有服飾用玉的制度化規定。

明代的服飾用玉見於宮廷及民間，宮廷用玉的主體為皇族及大臣，主要是按制度使用玉飾。民間則為皇族、政要以外的各界，玉飾的使用多見於習俗。

一、宮廷服飾用玉及其影響下的玉佩飾

〔一〕宮廷用玉的一般情況

《大明會典》記述了明皇帝、后妃及皇子的服飾，有關玉飾的使用大致可分為頭部、上身、腰部、下身等部位用玉。

頭部用玉見於冕與弁。冕為禮儀用冠，皇帝用冕上部呈長方形版狀，前後垂有玉串，稱為旒。洪武十六年定「冕板廣一尺二寸，長一尺四寸，上有覆，玄表朱裡，前後各有十二旒、玉珠十二、玉簪導、朱纓」[註1]。所謂玉簪導，為帽兩面貫於帽內的嵌物。永樂三年定「冕冠，十有二旒，每旒各五采繅，十有二就，貫五彩玉珠十二，赤、白、青、黃、黑相次，以玉衡維冠，玉簪貫鈕……永以白玉瑱，朱紘」[註2]。對於這類冕冠上的玉飾組串，目前尚需進一步研究。除冕冠外，《大明會典》還記述了皮弁飾玉：「皮弁，前後各十二縫，每縫中綴五采玉十二以為飾，玉簪導。」也就是說，皮弁之上有十二條縱向拼接，每條上飾有各色玉十二塊。依《大明會典》記載，皇帝冕服用玉：「玉佩二，各用玉珩一、瑀一、琚二、沖牙一、璜二，瑀下有玉花，玉花下又垂二滴子，琢飾雲龍紋，描金。自珩而下繫組玉，貫以玉滴，行則沖牙，二滴子與璜相觸有聲，其上金鉤二、有二小綬，六采一。」[註3]記皇帝常服用玉有：「白玉雲樣玎璫，如佩製，每事件上有金鉤一，金如意雲蓋一，兩面鈒雲龍紋，下懸紅組五，貫金方心雲板一件，兩面亦鈒雲龍紋，下垂金花頭花四件，中有小金錘一個，末綴白玉雲朵五。」[註4]

明定陵出土了玉佩七副十四件，分為四型：Ⅰ型玉件為五個橫排，以玉珠縱向相串，第一排為雲形珩，第二排三件，兩側為長方板，中部為四凹角

註1.2.3.4 見《大明會典》卷六〇，江蘇廣陵古籍刻印社，1989年8月。

方板，第三排一件雲形片，第四排同等二排，第五排五件，兩側為滴形墜，其內兩個半圓形墳片，中部為雲形片。II型為四個橫排，以玉珠縱向相串，第一排為珩一件，第二排為三個六邊形玉板，中間的較大，第三排為一件雲形飾，第四排五件，兩側為璜，其內兩個水滴形墜，中部為一雲形玉片。對照《大明會典》所記，可知組佩中頂部雲形片狀玉為珩，中部第三排單一的雲形玉片為瑀，其他玉片為琚，第五排墜底水滴形玉為「玉滴」，中部為玉花，半圓形玉片為璜。III型與IV型玉佩樣式更為複雜。III式為以雲珠相串的七橫排玉件，第一排一件玉片，末排玉件為花形玉片，玉滴，雲形玉片，玉滴，花形玉片，其餘五排隊皆為中片大，兩側小的三個玉片相排。IV型玉佩上部為一較寬的銅提頭，下部有四個環鼻其上串有飾件，飾件為十排，一、三、五、七、九各排為葉形玉飾件，二、四、六、八、十各排穿飾不同質料的飾件[註5]。

　　類似於I型的玉佩，明代墓葬的考古發掘中多有發現，類似於IV型的玉組佩，故宮博物院藏明代玉器中存有一副，應是明宮所造，但每副掛佩為八串，這類玉佩使用時極易發音，略一擺動則有聲響，其形制與《大明會典》所記「白玉雲樣玎璫」相似，因而或即白玉雲樣玎璫，或是由其演變而來。〔圖27〕

　　《大明會典》卷六十繪有〈革帶繫佩綬圖〉、〈佩綬上等革帶圖〉，兩圖所繪相同，革帶前面中部垂一方巾，其上有縱向三串玉佩，橫向列為首末及中部二排隊，共四排隊。方巾兩側各一寬頻，上部有帶頭，中部有飾件。其中方巾為綬，飾件為佩，兩側之帶應為「二小綬」。明代組佩的佩帶，位於革帶以下，行走時，玉件撞擊可發出聲音，明人沈德符《萬曆野獲編》記明代「凡大朝會時，百寮俱朝服佩玉，殿陛之間，聲音甚美。」但由於玉佩多有掛繩、易纏繞。嘉靖初年，世宗一次升殿時，專司捧寶的尚寶卿謝敏行，其佩忽與上佩相糾結，敕中官使得解，於是「命自今普用佩袋。」使用佩袋後雖然方便，但「清越之音減矣」，因而在郊天大禮中不用佩袋，故萬曆丙戌年郊天典禮時，「寺臣董宏業所佩，忽為鼎耳所絓」[註6]由此可見佩玉掛飾的不方便。

註5 見〈定陵〉第211頁，文物出版社，1990年5月。

註6 見明沈德潛：《萬曆野獲編》，中華書局，1959年2月。

〔圖27〕明　白玉掛飾

　　依《大明會典》，蔽膝為長方形片狀織物，兩側有垂帶。按永樂三年的規定，蔽膝隨裳色，四章。織藻，粉米，黼黻各二，本色緣，有黼黻施於縫中，其上玉鉤二。這所言「玉鉤二」應是用於向腰帶上懸掛蔽膝。

〔二〕玉帶、飾玉腰帶

　　《大明會典》繪明代宮廷使用的腰帶有大帶、革帶、束帶、素帶、帶，據圖可知，大帶之上無裝飾，其他帶上嵌有飾件。洪武二十六年定皇帝冕服，

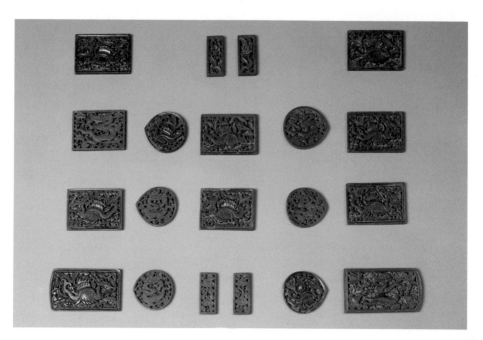

〔圖28〕明　碧玉鏤雕蟠龍帶板

用革帶及大帶二種：「革帶佩玉，長三尺，大帶素白朱裡，兩邊用緣，上以朱錦，下以綠錦。」由此而知，嵌玉之帶為革帶。革帶上所嵌玉件，據《大明會典》記載：「永樂三年定玉帶，青綺鞋，描金雲龍紋，玉事件十，金事件三。」、「革帶，前用玉，其後無玉，以佩綬繫而掩之。」革帶的嵌玉集中於帶的前面。永樂三年定皇后冠服：「玉革帶，青綺鞋，描金雲龍紋，玉事件十，金事件四。」[註7]也就是說，帝、后後皆用玉革帶。定陵出土玉革帶十條，其中六條為飾玉二十件，一條綴玉十三件，三條綴玉十二片[註8]，據此而論，明代玉帶嵌玉，並無明確規定，但在考古發掘到的明代玉帶與傳世明代玉帶中，以綴玉二十件的最為常見。這類玉帶又可分為兩類，一類較寬，寬度在4公分之上，另一類較窄，寬度在4公分以下，一些窄小的玉帶，其外或有金屬框嵌。〔圖28、29、30〕

　　《明史·輿服二》記洪武二十六年（1395）規定，皇帝皮弁服有「白玉佩革帶」、「玉鉤䚢緋帛大帶」之言。《大明會典》記錄洪武二十六年定皮弁

註7　見《明史·輿服二》。

註8　見《定陵》第207頁。

〔圖29〕明　白玉鏤雕松竹梅帶板

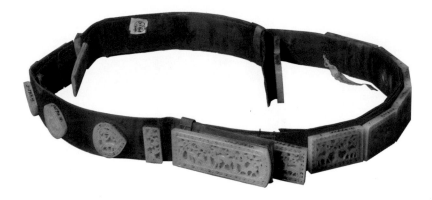

〔圖30〕明　白玉鏤雕花鹿帶板

「白玉佩，革帶玉鉤䚢。」所謂玉鉤䚢應為帶上扣繫之物，其形狀似為多種，定陵出土Ⅲ型玉帶，所嵌玉飾中桃形玉九片，長方形鉈尾一片，「日」形透空玉掛一件，銅釺玉帶扣一件[註9]。其中的「日」形玉可穿過鉈尾，應為玉鉤䚢的一種。

由上述文獻可以看出，明代皇族服飾中使用的玉帶有二種，一種為《大明會典》所記「玉帶」、「玉革帶」等，其形制「青綺鞓，描金雲龍紋，玉事件十，金事件三。」另一種是嵌玉圍腰一周，其下為較硬的革帶。這類玉帶在皇帝冕服、皇后禮服中都有使用。

註9　見《定陵》圖279。

除皇族使用外，明廷還將玉帶用於賞賜。《大明會典》卷一百一十一〈給賜〉記：「渤泥國……永樂六年，王來朝，給冠帶、襲衣，王子襲封，還國，賜金鑲玉帶一條。」[註10]明人沈德符《萬曆野獲編》中也有此事的記述。明人劉若愚著《明宮史》記有宮中太監受賜玉帶的情況：「左右監丞五品，少監從四品，太監正四品，自太監而上，方敢穿斗牛補，再加升，則膝襴之飛魚也，斗牛也，蟒服也，再升，則受賞也。」、「特升，方賜玉帶，冬則光素，夏則玲瓏。三月、九月，則頂妝玉帶也。」文武官員朝服革帶，因品秩不同而不同：「一品玉，二品犀，三品、四品金，五品銀鈒花，六品、七品銀，八品、九品烏角。」[註11]

玉帶又可分為光素、飾泛雕圖案、飾透雕圖案等幾類。光素帶的使用，《明史》中有記載，並非等級較低的人員使用，北京定陵出土玉帶中，十條為素帶。《明史‧輿服》記「大臣之服玉帶」一品玉，或花，或素。《明宮史》所言，「冬則光素，夏則玲瓏。三月、九月則頂妝玉帶也。」便是較為可信的解釋。所謂「玲瓏」，應屬透雕圖案，頂妝玉帶，可能是有浮雕圖案的玉帶。從目前清宮所存明宮遺存來看，素面玉帶的玉質一般都較好，以白玉作品為多，數量較大。清乾隆初期，宮裡曾將部分明代玉帶改製為佩玉，即便如此，現在尚有較多遺存。

玉帶飾的紋飾主要有以下幾類：

1.**龍、飛龍、麒麟**〔拓片9、10〕。這類作品多為透雕，或身傍有多層花枝、捲草，或有較平的錦紋地；

2.**獅、馬、駝、鹿等動物圖案**〔拓片11、12、13、14〕。以透雕作品為常見；

3.**雲鶴、花鳥**；

4.**花卉圖案**；

5.**人物**。如百子、百臣；

6.**喜、壽字**。

註10 見《大明會典》卷一百一十一。

註11 見明劉若愚：《明宮史》，北京古籍出版社，1980年。

拓片〔9〕明　玉鏤雕龍紋帶飾

拓片〔10〕明　玉雙龍紋帶板

拓片〔11〕明　玉鹿鶴紋帶飾

拓片〔12〕明　玉雙鹿壽字紋帶飾

拓片〔13〕明　玉馴虎人帶板

拓片〔14〕明　玉牽駝人帶板

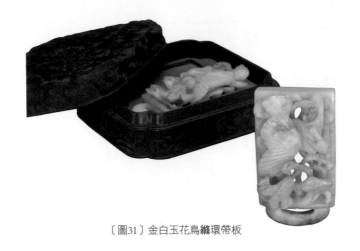

〔圖31〕金白玉花鳥縧環帶板

〔三〕其他玉帶飾

　　除了帶板，明人使用的玉帶飾還有多種，主要有帶扣、勾、勾環、帶鉤、掛飾等。而其中的分類組合方式及名稱頗令人費解。「鉤鰈」一詞，《隋書·禮儀志》已有記載，謂革帶「博三寸，加金鏤，螳螂鉤，以相拘帶。」[註12]據此一些學者認為鰈為丞鉤之器，鉤鰈為鉤與丞鉤之器的組合，後來學者又提出了新的見解[註13]。因《宋史》、《元史》、《明史》輿服志中都有鉤鰈的使用，所以，「鉤鰈應是措環上有的帶扣。」這一解釋未必全面。明代玉帶所嵌並非全為玉件，《大明會典》所記皇帝常服、皇后冠服所用玉帶皆「玉事件十，金事件三」，皇太子冠服為「革帶金鉤鰈」，其結構中環形，中部帶舌的直接插入皮帶扣合亦非多數。文獻所記玉帶上的金事件，應包括扣合器，也就是「金鉤鰈」之類，從目前清宮存明宮帶有金屬扣合器的玉帶來看，一些扣合部的外表多呈方板狀，與玉帶板在形式上有所關聯，所接之舌，隱於板後或兩塊金屬飾件的側面。因而「鉤鰈」應為玉帶的扣合部，形式多樣，就如同現代人稱這類器物為「帶扣」，主要側重其功用及組合方式，而不過多地強調他們的樣式。

1. 鉤環

　　玉鉤環是與玉帶鉤相搭配使用的環狀玉器，這類器物在宋代已很流行。〔圖31、32、33〕無錫元代錢裕墓出土了一套鉤、環組合，故宮博物院藏一套元代龍紋玉鉤，它的環呈完整的折身龍形，作品表明在元代，這類組合的環已

註12 唐魏微，令狐德撰：《隋書·禮儀志》卷一二，中華書局，1973年8月。

註13 徐琳：〈元代帶鉤繫帶方法及其定名的探討〉，《出土玉器鑒定與研究》，紫禁城出版社，2001年4月。

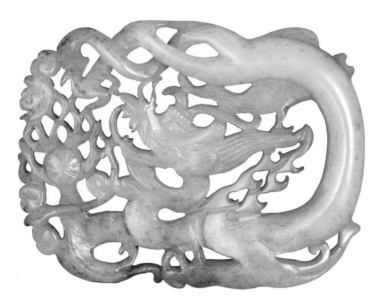

〔圖32〕宋　白玉鏤雕龍佩

〔圖33〕宋　白玉鏤雕蟠龍穿帶縧環

出現了多樣性。清宮存明宮遺玉中的一些作品，也表現出類似宋、元玉鉤環的特點，說明此類作品在明代依然製造。例如宮存白玉環托龍戲珠飾件，圓形，中部凸起，透雕正面龍頭，龍身環於頭側，龍頭前有一火珠，空白處為透雕纏枝花地子，纏枝花卉的左側與玉環相連處有一處凹口，可供帶鉤鉤頭穿過，繫於環上。此作品的龍頭披髮，方唇，為典型明代風格，火珠較大，中部有橫向條紋，亦為明代風格，加之作品錦紋琢製屬明代風格，確定為明代作品不會有異議。就其環托與凹口而言，應為鉤環類作品，只是在收藏過程中，環與鉤失群。類似的明代作品，在宮遺玉器及傳世玉器中皆有所見。〔圖34〕

2. 帶扣

帶扣是帶兩端的飾件，能起扣合的作用。上海市徐匯區龍華三隊明墓出土了一對明代荷雁紋帶飾，白玉，鏤雕天鵝並纏枝蓮花。兩件玉飾圖案相同且方向相反。外側各留有能夠穿過絲帶的孔。由器物形狀判斷，此兩件已是完整的組合，不應有與之相配的第三件玉件。因而在使用時，只能將繩帶兩端各結於玉件外側，兩玉件再透過其他方式相接。由於器物年代久遠，相接方式不易推斷，存在著扣

〔圖34〕明　白玉鏤雕蟠龍環

合的可能性。明宮遺玉中存有多件玉件組合，一些作品為三件組合。玉飾組合的左右兩側，有可繫縧帶的環孔。常見的明代帶扣多為一件玉件或兩件玉件的組合，單件的玉帶扣，背面一側有一能繫縧的孔環，另外的一側有一蘑菇狀的鈕，使用時將繩帶的一側繫於孔，另一端編成繩套，套於鈕上。

兩件以上玉飾組合的帶扣，明宮遺玉中數量較多，為一塊玉琢成，中部為一套管，將兩件玉帶飾的環部套接，其中一塊上有孔，可繫縧。另一玉飾背面有蘑菇形鈕，可扣於繩縧上的套孔。

3. 縧環

宋人著《西湖老人繁勝錄·七寶社》中記有「玉縧環」，《元史》、明人高濂《遵生八箋》中也記有縧環。其器為何，近人頗關注，故宮博物院玉器藏品帳中，曾把環托的、帶有鶻鵝圖案且一側有孔的玉器名之為「縧環」。一般說來，故宮藏品的舊時定名多保留原宮藏定名，但器物上的附字已多不存在，因而定名之據也不能肯定。近日，徐琳先生著文，認為「繫於絲帶上的帶鉤為縧鉤……與之相配的環應稱為縧環。」縧環的使用必與縧帶聯用，但並非縧鉤、縧環必定成為組合。明代的玉器中，玉帶鉤與環的組合是多種多樣的，鉤或可單獨使用，或可與環相配，與環相配時，有大鉤小環（如故宮藏元代鉤環），大環小鉤（如錢裕墓出土玉器）等形式。小環明顯為帶鉤屬件，單名縧環便覺不妥。上海徐江區出土的兩件白玉蓮鵝形帶飾[註14]，若原有固定聯結，則使用時，縧帶兩端或與玉件直接繫結，或一縧直接穿過縧環兩端。因此而知，明代腰部結帶，縧繩與縧環直接繫結的方式是存在的，縧環應包含有單獨用於縧帶上的無掛鉤飾環。

南京溧水縣出土有元代螭紋玉套環[註15]，一塊玉琢成，兩片，以環套接，每一片又是環狀，中心有小孔，表面凸雕螭紋。作品應為帶飾，橫寬縱窄，飾於腰部最相宜。正面凸雕螭紋，環孔皆圖案，使用時不可能與其他硬鉤聯用，以縧帶繫於兩孔為宜。類似作品明宮遺存中亦有發現，一些作品的兩塊玉片尺寸上有很大的差別，玉白而暈黑，為明代玉器中常見，圖案亦為明代風格，應將其確定為明代縧環，是元代飾玉風格的繼續。

註14 見《上海出土唐、宋、元、明、清玉器》圖114，上海人民出版社，2001年10月。

註15 見上海博物館：《中國隋唐至清代玉器學術研討會論文集》圖版35。

〔圖35〕宋或元　白玉雕蟠螭穿帶飾

4. 帶穿、掛環

　　除一般規格的玉帶飾玉外，明代玉帶飾玉中還有很多特殊樣式。帶穿、掛環就是其中的兩類。

　　帶穿是革帶能從中穿過的帶飾。南京吳良墓出土玉帶，俞通源墓出土玉帶所嵌玉飾中各有兩塊方框狀、中空的玉件，是套於革帶之上的，皆光素無紋飾。此類玉帶飾在無錫元代張士誠父母合葬墓出土玉帶中亦有所見。吳良、俞通源皆洪武時人，墓中出土的玉帶穿形制應來源於宋、元時期。但宋代墓葬的考古發掘中尚未發現成套的玉帶飾，故宮博物院存有傳世品，形似帶板而更厚，兩側間有通孔可穿革帶。這類宋代帶穿的花紋都很講究，有較高的製造工藝，與文獻所記載的宋代玉帶的實際情況是相符的。〔圖35〕據此情況，一些學者把較寬的片狀帶穿年代定的較早，較寬的框狀帶穿多視為明代作品。

　　掛環是附於玉帶上，可以掛東西的玉環。高濂《遵生八箋》講述唐代之後至明代玉器時提到了「提攜」，一些學者認為，玉帶上的掛環便是這裡所謂的「提攜」。此說或有可能，但尚需證明。如若確實，則古人已有玉帶

掛環起於唐、宋之說。北周若干云墓出土玉帶中有八塊方形帶飾之下帶有活環，劉雲輝先生稱其為蹀躞帶，這是目前見到的最早的玉掛環。

玉掛環的上部一般呈片狀，或釘於帶、或穿於帶，為玉帶飾，下部為環聯接於玉帶飾之上，有一批作品，所聯帶飾之形狀、花紋分別有宋、遼、金玉器風格，這批掛環被認為是宋、遼、金時的作品。

考古發掘到的帶掛環的帶飾，還有黑龍江金上京遺址出土的瑪瑙器，南京有明，汪興祖墓出土玉帶，江西明益宣王妃棺出土玉帶等。環所附玉飾皆片狀、團形，後兩組可釘於革帶。由此可看出，明初、明晚期的玉帶掛環，以釘於革帶上的作品為主。三件作品皆帶飾寬而掛環窄小，這就給予我們一種提示。

一些清代作品與明代作品有明顯區別，造型、花紋較明代作品複雜，其下的掛環一般略寬，有的寬出上面的玉飾，且玉環的形狀也多有變化，有如意形等樣式。清代至民國，這類玉掛環被廣泛製造，作品很多，按形制亦可分為兩類：一類玉飾部分可套於革帶，一類玉飾部分釘於革帶。

5. 帶鉤

玉帶鉤是最常見的玉帶飾，戰國早期開始流行，樣式也有多種。從使用來看，帶鉤主要分為兩種，一種為橫鉤，用來繫結縧帶，另一種是縱鉤，使用時鉤頭向下，鉤掛其他物品。

宋、元以來，玉帶鉤使用之勢頗盛，目前宋、元墓葬出土玉器非常有限，但已有玉帶鉤出土。在傳世玉器中，南宋、元玉器風格的玉帶鉤佔有的比重也較大。一般看來，宋、元風格的玉帶鉤，鉤頭彎回部分較高，離鉤頸有一定的距離，可納入較厚的鉤環，主要是與鉤環合用的。鉤腹有片狀、柱狀等多種樣式。

明代玉帶鉤的使用，受到了傳統玉器的影響，亦分為橫鉤及縱鉤兩種，〔圖36～40〕橫鉤主要用於結帶，由於玉帶鉤主要與縧繩配套，所以飾有帶板的玉帶一般不用玉鉤。橫向玉帶鉤的使用主要有兩種方式，一是與鉤環相配，成組使用，這時縧繩的一端繫於鉤，另一端繫於環。二是單一的帶鉤與縧繩相配使用。縧繩的一端繫於鉤鈕，另一端編成繩套，套於鉤頭上，縧帶繞於人身。縱向使用的鉤是掛鉤，《大明會典》卷六七《婚禮二》記皇太子納妃儀，所用物品有「白玉鉤碾鳳紋佩一副」。此處的白玉鉤應是掛玉佩所用。另

〔圖36〕明　白玉蟠螭龍首帶鉤

〔圖37〕明　青玉勾雲紋龍首帶鉤

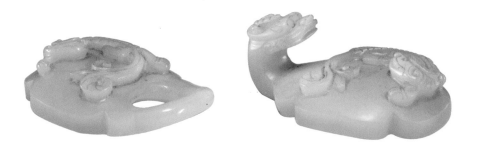

〔圖38〕明　白玉牙色凸雕蟠螭龍首鉤環

〔圖39〕明　青玉龍首帶鉤

〔圖40〕明　白玉黃浸凸雕螭紋梟首帶鉤

外《大明會典》卷六〇中〈革帶繫蔽膝圖〉所繪，蔽膝垂於革帶下，應用掛鉤相連。

　　已知的明代帶鉤，以龍首帶鉤為多，但自宋元間，鹿首、花瓣為鉤首的風氣就已流行，因而明代除龍首鉤之外的其他帶鉤造型，亦有流傳的淵源。由於龍首帶鉤數量的眾多，使人們能較明確明代帶鉤的特徵，並把龍首鉤作為判斷其他花紋帶鉤時的參考。

　　有下列特徵的玉帶鉤，應為明代作品：

　　A.一些具有宋、元玉帶鉤風格但有變化的作品，可考慮是否為明代製造。常見的宋、元作品大致有三類，第一類，腹略薄，較寬，微上凸，琵琶形，鉤頭薄而寬，鉤頭與鉤之間有較大的距離；第二類，鉤腹與第一類近似，鉤頭寬而厚，鉤頭與鉤頸間的距離較小，鉤頭彎回之處較厚；第三類，鉤腹窄而厚，略上彎呈螳螂肚狀。鉤頭厚而高。一般來看，宋、元玉帶鉤的紐位置偏後，距

帶鉤尾端較近,位置偏於帶鉤中部的,可能時代略晚。傳世玉器中有一些作品有上述某些特點。但略有變化,屬宋之風格的延續。

B.上海華龍三隊明潘氏墓出土了一件白玉龍首螭紋帶鉤。帶鉤長15.5公分。此類帶鉤傳世較多,一些研究者曾認為是元代作品。以潘氏墓出土作品為標準,這類作品可確定為明代,這類作品為琵琶肚,鉤頭回彎處很厚,龍鼻似蒜頭,平嘴,口露齒,腹部飾螭身體細長,爬行狀,身上或有火焰紋螭頭與龍頭相似,細長、平唇、有角。

C.鉤頭厚而方的玉帶鉤。北京定陵出土有白玉龍首帶鉤、碧玉龍首帶鉤。二件帶鉤的鉤頭都較厚,鉤頭整體近似方柱形。眉、眼、鼻於鉤頭的上面,嘴、腮於側面,前部為平頭,龍頭的側面與上平面似有明顯轉折。這一特徵同一些明代玉獸的特徵相似。為明代龍、獸頭部造型的一種特點。

〔四〕圭

除禮器用圭外,明代服飾中還較多的使用了玉圭。《大明會典》規定,皇帝冕服中用鎮圭:「玉圭,一尺二寸,剡其上,刻山四,蓋周鎮圭之制,以黃綺約其下,別以袋韜之,金龍文。」皮弁服使用玉圭略有不同:「玉圭長如冕服之圭,有脊並雙植文,剡其上。」這裡所說圭制沿襲周鎮圭之制,長一尺二寸,「剡」其意為銳,剡其上即上部呈尖狀。這兩款玉圭,在定陵中皆已發現,一為飾陰線出形紋,陰線內飲金,一為圭面起縱雙脊。

皇后冠服中所用玉圭同皇帝用圭又不同,尺寸略小,琢穀紋。永樂三年定皇后禮服中用圭:「玉穀圭,長七寸,剡其上,琢穀文。」這一類穀圭,定陵中也已發現,共四件,分別出自萬曆帝棺內及隨葬箱內,長度分別為23.2公分、22.4公分、22.5公分、16.3公分,其中兩件分別為孝端及孝靖后的隨葬品。江西明益王朱祐檳墓發現的玉穀圭長15.2公分,明代人據身份的不同,用圭的尺寸也不同,《大明會典》皇嬪冠服有嘉靖九年規定:皇妃一「圭用次玉,穀紋。」〔圖41〕

二、明代民間的佩玉風氣

除宮廷外,明代民間佩帶玉器的風氣也很盛。按照古代傳統,佩帶玉

器是全民性的活動，宮廷有宮廷的用玉方法，讀書人有讀書人的用玉方法，一般勞動者也有自己的用玉方式。《禮記‧玉藻》曰：「凡帶必有佩玉，唯喪否。佩玉有沖牙，君子無故，玉不去身，君子比德於玉焉。」「帶」者，服飾之帶，有帶則有佩玉，佩玉的目的是「比德於玉」。在以「德」為教化的古代，「比德於玉」是人人盡可的自為行為，但是玉料畢竟有其珍貴性，好玉與次玉之間存在著極大的差別，人們所佩玉件的品種及材料的好壞，依舊是經濟地位及經濟實力的表現。再者，自古以來，人們便認為佩玉可以去災避邪，漢代佩帶的剛卯，其上刻有避邪文字，作品用料，最高檔次乃是白玉，明代墓葬中有玉剛卯出土，有漢代物，亦有仿製。明代一般人士佩玉避邪之風，從中可見一斑。

明代流行的佩玉，大致可分為頭、帽飾玉，腕飾，服飾飾玉，腰帶飾玉，掛墜等類。

〔圖41〕明　青玉乳丁紋圭

〔一〕頭部玉飾

頭部飾玉之風見於遠古，《詩經》有「聚弁如星」之說。所謂弁，即古人所戴的帽子，帽子怎麼能聚而如星，後人解釋，那是戴帽子的人相聚，帽子的飾物似星閃耀，而能反光的飾物以玉為常。據這一解釋，一些

人把劍首上的飾玉稱為琪。

頭部飾玉在男人和女人有所不同，唐以後，婦女的玉頭飾出現過髮簪、釵、梳、山提嵌玉、步搖嵌玉等，清代又有扁方。男人的頭部嵌玉有冠、帽正、簪導等，種類也是很多的。這些對明代人頭部玉飾的使用也產生了很大的影響。

1.**髮冠**。《古玉圖譜》中繪有玉髮冠，其書雖署龍大淵著，但頗值懷疑，目前所見，乾隆時已有版本，若非時人杜撰，所繪之圖應為乾隆之前物品。且髮冠一物又不為清人服飾所用，作品為明人製造的可能性極大。江西明益宣王墓出土有七梁形玉髮冠。玉髮冠的實物在清宮遺玉中有多件，玉色較雜，白玉、碧玉皆有，或縱向起幾道脊線，稱為七梁冠，或較光滑，作品的尺寸大小大體相仿。

2.**帽正**。帽正為帽子正面嵌的玉飾，使用帽正不僅好看，尚易確定帽子戴時的方向。明人使用的帽正，在《大明會典》所繪冠冕上已有表現，圖釋中未談帽正的材料為何，但不外玉、寶石、玻璃、金屬，從圖中可以判定帽正與帽框之間的大致比例，而其形狀的變化又是多樣的，現在能確定的明代玉帽正，應為海棠式、長方、橢圓等樣式。

3.**玉簪**。明代玉簪的實物，考

〔圖42〕明　青玉鏤空花頭簪

古發掘中已出現多件，上海打浦橋明代顧叙墓，出土白玉蘑菇頭髮簪一件，長10.6公分，柱狀，一端尖，另一端似蘑菇頭，歪向一側，其外琢螭紋[註16]。無錫明代襲勉墓出土玉簪亦如此形，長11.9公分，其蘑菇頭及外表皆光素無紋飾，可見此種樣式玉簪在明代江南地區極為流行。故宮博物院藏一件「子剛」款玉簪亦為此式，其外琢有花紋並篆書陽文詩句「言念君子，溫其如玉」，「文仲子贊，陸子剛製」等字。〔圖42、43〕

4.其他頭部飾玉、額飾。明代人有頭部飾玉的習慣，除帽正、髮冠外還不斷演變出其他樣式器物。明人顧起元《客座贅語》談到士人巾履時言：「士戴方巾而已，近年以來，殊形詭製，一巾之上或綴玉結子，玉花瓶，側綴以兩大玉環。」所謂「玉結子」、「玉花瓶」皆為片狀的玉飾，似應先戴好方巾，再將玉結子或玉花瓶綴於前部，並將玉環綴於頭兩側。而婦女則於頭上掛上各種形狀的玉件：「以金珠玉雜治為百物件，上有山雲題，若花題，下長索貫諸器物。」所謂「山雲題」，史書中又稱「山題」，是頭飾組合中的一部分，

〔圖43〕明　青玉鳳頭簪

註16　見《上海出土唐、宋、元、明、清玉器》圖135，上海人民出版社，2001年10月。

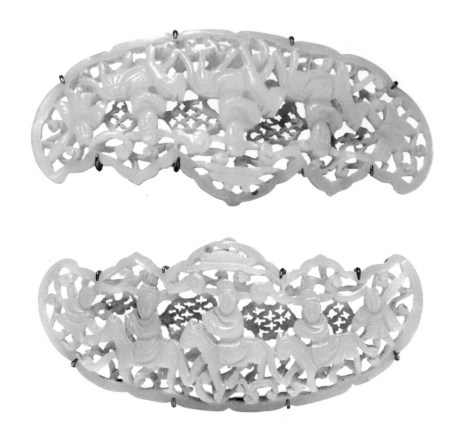

〔圖44〕明　白玉鏤雕人物髮飾

片狀，金屬製成，它的一側為細長的釵，插入髮簪中，另一側或嵌有物件，或用長索「貫諸器物者，或大，或小，隨人體動作而搖動。」[註17]

　　上海打浦橋明墓出土有嵌玉額帶，為白色土布，縫合後套於額頭，前額處窄，後腦處闊，其上飾玉十七件，中部為團龍，其餘為花鳥，嵌玉多有金片托底。且嵌玉作品風格又不統一，或為透雕，或為圓雕。有明前期作品，據考，額帶所出四號墓主為嘉靖時人，因此所嵌玉件非一次定製，而是零散收集後再縫綴於布。

　　從明代的圖畫、人像中也可以看到，明人冠冕、髮髻的正前面往往有飾件，除《大明會典》所繪朝冠，正中前方有飾件外，佚名明代作品〈冬景貨郎

註17 明顧起元：《客座贅語》，中華書局，1984年。

圖〉繪殘冬早春，貨郎挑擔入私家庭院，一婦人攜童問貨，婦人頭飾多重，前方正中為一半浮雕花形飾件。最長不過六、七公分。此類帽正、額飾所用材料應較一般頭飾貴重。又加顧起元所見以玉為頭飾的習俗。用玉花片飾於額前應是明代較為流行的裝飾。據此，可將一批具有明代玉器風格的，背面中部有縫綴結構的玉花形片，飾紋方形、圓形片歸為頭飾類玉器。〔圖44、45〕依據宋以後，一些玉件使用的多重性可知，其中的一些作品，除可用作頭飾外，還可用於其他方面。這類作品主要有玉花形片、玉「工」字形片、玉方形片、玉圓形片。

　　玉花形片主要有外廓呈圓形的秋葵、菊瓣，外廓隨形的牡丹等，這類作品在宋遼金時已出現，一般花瓣結構簡單，玉片較厚，表面光澤不強。而明代作品風格依上海打浦橋明墓出土額帶嵌玉而定，花瓣圖案較為複雜，但不失渾厚，作品採用了鏤雕工藝。

　　「工」字形玉片在漢代就已出現，其形小而中部厚，不著紋飾。明代作品受仿漢玉器的影響，或隨漢形，或有改變，外廓為方形，兩腰間

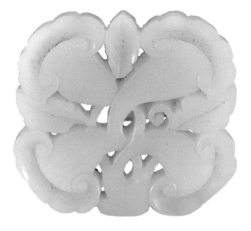

〔圖45〕明　白玉鏤雕玉簪花嵌件

拓片〔17〕明　玉螭紋佩

內開口，寬度、長度無定式，表面較平，飾有簡單的圖案，一些作品的中部還帶有透雕的圖案。

〔二〕明代的玉佩墜

玉佩墜多懸掛於人身，也可掛於杖頭、扇尾作墜飾。

明人顧起元《客座贅語》記婦女佩玉：「又以玉作佩，繫之行步，聲鏐然，曰『禁步』，皆玉之所謂雜佩也。古取其用，今取其飾也。」[註18] 說明婦女身上帶有玉佩件，行走時能發出音響，明代人佩用為裝飾。

據《大明會典》記載，明代婦女身上的玉飾還有「玉雲龍霞帔墜」、「玉佩玎璫」、「玉綬花」、「玉事件」等，這些說明明代人用於人身佩墜玉件的複雜繁多。目前見到的明代人身所用玉飾件從形狀上看，主要有下列幾種：

1.**玉搭扣**。或稱玉鈕扣，兩件為一副，一為鈕，一為扣，可以扣合。目前見到的多為花形，較小，可縫於衣襟邊緣，有裝飾性。用玉較好，製造亦精。

2.**方形玉牌飾**。是懸掛於人身的佩件，在牌飾中最為常見，方形玉牌以上海朱守誠墓出土螭紋玉牌、上

註18 明顧起元：《客座贅語》，中華書局，1984年。

海斜橋出土竹石圖玉牌為代表。螭紋
玉牌為方形，兩面琢螭，圖案微凸，
頂部玉鈕已損。竹石圖玉牌為長方
形，一面為陰線編織紋，另一面飾陰
線竹石紋，頂部上出榫形鈕，鈕上有
小孔可穿繫繩。〔拓片17〕

3.**夔龍頂方形玉牌**。作品一般
都不大，長方形，上部為透雕夔龍，
有的作品，透雕夔龍延至作品側下
部。作品下部為一方牌，牌內琢有圖
案，以山水圖案加凸起的詩句為多。
故宮藏明代「子岡」款玉牌多為此
類。此類玉牌尚無考古發掘品出土，
僅就其圖案，造型風格確定為明代。
同一般清代玉牌相比較，這類牌子小
而薄，平而邊稜鋒利，同上海出土的
明代方形玉牌相似，圖案為薄而平
的淺浮雕。明顯的明代玉器圖案風
格，所雕夔龍頂亦具明代玉器風格，
因而被確定為明代作品。〔拓片18、
19-1、19-2〕

4.**圓形飾鈕玉牌**。這類玉牌在
遼、金、元時期已非常流行，遼寧朝
陽北塔天宮發掘有蝶紋圓牌，兩側有
鈕，無錫元錢裕墓出土有同型的螭紋
作品。上海地區出土有青玉佛字佩，
圓形上部有花枝式鈕，一面雕螭銜靈
芝，一面陰線佛字，作品被視為元代

拓片〔18〕玉螭紋佩

拓片〔19-1〕明　玉漁樵圖長方牌

拓片〔19-2〕明　玉雙喜字佩

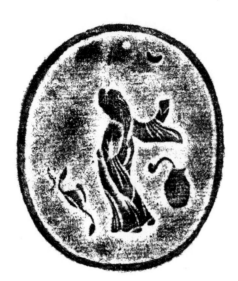

拓片〔20〕明　玉太白醉酒飾

製造[註19]。這一遼、金、元形成的圓形玉牌紋使用傳統在明代有所發展，出現了橢圓形作品。〔拓片20〕

　　5.**韘形佩的演變**。韘形玉佩流行於兩漢時期，東漢時期作品出現了多樣性變化，宋、明時期出現了仿製品，著錄中稱為螭玦。1972年，江蘇無錫藕塘鄉明墓出土有一件雙鳳玉佩飾[註20]，作品中心有孔，整體為片狀，兩側各琢一鳳，兩鳳相對，兩鳳嘴間琢出韘形佩的上部頂尖，這是一件由雞心佩演化而來的作品。這類由雞心佩演化而來的作品在宮廷遺玉中尚有多種，常見的有下列幾種：

　　A.如無錫所出土的雙鳳韘形佩，同無錫作品相比較，作品中較多地使用了透雕技法；

　　B.蟠螭韘式佩，為仿漢代韘形佩作品，但漢代作品中螭的比例，相對於韘體而言顯得略小，明代的作品，有與漢代略似者，也有螭大，韘體小者，螭多而繁，螭身無力感者；

　　C.局部為韘形的玉佩，這類作品的局部為韘形佩的形狀，顯得較小，多不處於主要位置，或進行變形，如出現於韘孔中沒螭，韘體似璧

註19 見《上海出土唐、宋、元、明、清玉器》圖60，上海
　　人民出版社，2001年。

註20 見《古玉精華》153，河北美術出版社，1995年。

而不圓等變化。〔拓片21〕

6.**聯珠紋邊框玉飾**。聯珠紋邊框玉飾最初見於宋代玉器,故宮存有宮遺玉帶穿,其下又帶掛環,長方形、圓形都有,其外框為聯珠紋,內雕雲龍圖案,圖案為宋代玉器風格。又有同型無聯珠紋者,圖案為金代風格,故將這類帶飾定為宋、金時期。宋代的聯珠紋邊框玉飾,邊框為相聯的半剖球珠,珠較大,圓而上凸。清代宮遺玉器中又有一些聯珠紋邊框玉器,風格較上述宋代作品有異,或珠小,或器薄,或圖案細碎,又無宋、元玉器風格,用玉、琢製較清代聯珠紋框作品也不同,自發展序列性判斷,製造時間應在宋、元與清代之間,定格於明代。作品可分為兩類,第一類為表面凸起圖案的作品,作品較厚。一些作品極似嵌於如意上的瓦形嵌件,一些則較大,用途尚不能肯定,所飾聯珠紋邊框為凸起的半球形,框內圖案為鏤雕,有層次感,呈所謂的花下壓花形態。有些作品飾正面龍首的龍紋,造型的明代特徵顯著。還有花卉、纏蓮荷雁等題材的作品。第二類為平面透雕作品,作品略

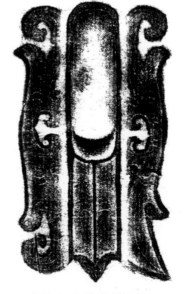

拓片〔21〕明　玉雞心佩

薄，是在玉片上加工琢製的，這類作
品外形多為方形、圓形、菱形，外周
的聯珠邊框由圓形的扁片連結，圓片
的表面呈弧面下凹，作品所飾多為花
鳥圖案，用透雕的方法琢製。

7.**透雕玉板、玉牌**。是外緣有
邊框，框內有透雕圖案的玉片，有方
形、長方形、圓形、橢圓形多種，用
途不一，主要分為插板、玉牌兩種。

插板為長方形者居多，一面有
明確圖案，另一面僅有透空的加工痕
跡，圖案中多以透雕「天錦」為錦紋
地。所謂「天錦」的錦紋，最初見於
宋、元的雕漆作品圖案，在這類作品
中，常以固定方式的錦紋表示天、
地、水波的形狀，而其中表示天空的
錦紋是用細長線勾連重疊，似印章中
的九疊文。明代玉插板中的這種錦地
略凹下，主題圖案較高，呈平面化，
多為龍鳳，八仙，壽字等吉祥用意明
顯的圖案。

玉牌是掛於人身的玉飾，也可用
於嵌飾，體積較小，這類作品的圖案
較細緻，主題圖案外又襯以花枝，有
很好的裝飾作用。

8.**雙面紋玉掛飾**。是按題材進
行設計，外形無固定樣式，隨圖案設
計而變的片狀玉件，部分圖案板實
著線，部分圖案為透雕或全空。多
數作品兩面圖案相同，是同一圖案

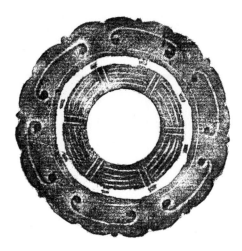

拓片〔22〕明　玉環形飾

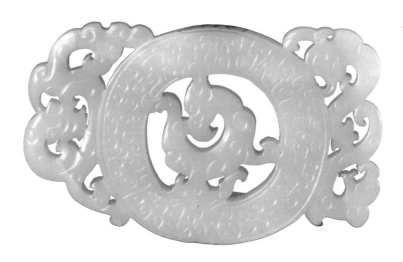

〔圖46〕明　白玉鏤雕螭鳳佩

的兩面表示，有一定的立體感。作品一般較厚，平面圖案上的線條運用很簡練。作品主題圖案之外附有一些裝飾性圖案，如花籃雙鷹、雙魚雙花及一些人物建築圖案的作品。這一類作品的表面一般較平，用手盤摩時有很強的平面感。〔拓片22、圖46〕

　　9.半圓雕玉墜。亦屬玉掛件，似立體作品，但厚度有限，不及比例，取材一般較具體，無大場面表現，主要有花鳥、瓜果、人物、動物四種。花鳥如單朵、雙朵的百合、玉簪花、靈霄花、桃實雙鵲、鴛鴦等，圖案較團緊，支叉較小，上面的陰線少而粗深。人物作品以母嬰圖、雙嬰、鱖魚童子作品為常見，又有戲劇典故人物。動物則為魚〔圖47～51：宋、元、明玉魚比較〕、鳥、獅、虎、家畜等等。〔拓片23：1～4〕瓜果墜，以常見的農家瓜果為題材，果實之旁略加葉片。注重遠觀效果，在一定距離外，一眼便知這類作品所要表達的內容，且外型準確活潑。

　　10.圓雕玉墜。宋、元時期的玉墜飾考古發現有如下幾批：朝陽北塔天宮藏遼代玉水晶動物墜飾，上海嘉定法華塔出土金代玉舞人，黑龍江、吉林等地出土金代玉人、玉花、玉動物墜飾，四川廣漢宋代玉童子、玉石頭等墜飾，以及無錫錢裕墓出土玉人、玉魚、玉動物等。從這些作品來看，這一時期玉人、

〔圖47〕宋　青玉帶皮魚佩

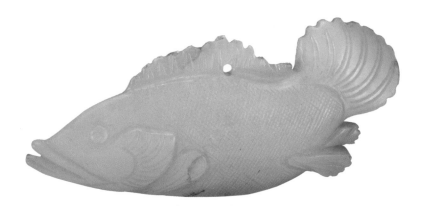

〔圖48〕元　青玉鱖魚佩

〔圖49〕宋或元　青玉魚

〔圖50〕明　白玉鱖魚

〔圖51〕明　白玉魚佩

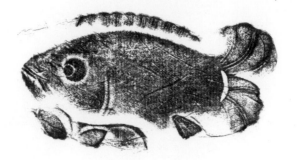

拓片〔23:1〕明　玉魚形墜

拓片〔23:2〕明　玉魚紋盒

拓片〔23:3〕明　玉魚

拓片〔23:4〕明　玉魚

〔圖52-1〕明　青玉異獸

〔圖52-2〕明　青玉鳳獸花插

玉獸的表現，頭部形象簡單，五官刻劃不細緻，僅有少量的衣褶紋或身體褶紋。〔圖52-1、52-2〕

　　明代的圓雕玉墜較宋、元時期的發展，主要表現在玉琢人物及動物的製造

〔圖53〕明　白玉雙童

方面。故宮藏明代玉器皿中，一些作品的蓋鈕為嵌入的玉琢人、獸作品，一些
銅爐、器皿的木蓋上所嵌玉鈕，亦有很多明代作品，這些鈕在明代屬佩墜。常
見的作品還有山石、雲朵，或為太湖石，或為小雲朵，石上穿孔或凹坑多用實
心長鑽鑽磨，又有較多的粗細變化。有的石塊為疊石之形，古樸少皺，表面光
亮。雲朵則似靈芝而有變化，團狀，少凹線。人物類多為長臉，下頜與頸部多
呈「Ｖ」字形，衣紋以長弧線為主，局部出現多重曲線。

　　另外，清宮遺存玉器中還有一些玉墜被認為是明代作品，這些作品主要有
瓜豆、繩結、蟠夔、四喜人等。繩結類作品在宋、遼時期較流行，內蒙古遼代
陳國公主墓出土的玉掛飾，便是將五件小玉件掛於玉琢成的繩結之上。類似的
繩結玉飾在宮廷遺存器物中有多種，其中一些作品用玉精良、琢工準確，確定
為清代宮廷玉品器，其他作品乃被定為宋、明時期製造。四喜人，為兩個頭，

兩雙前後足交錯排列，其間結構為四個人身，作品中部似方框，又似四人排列。這類作品銅、瓷類器物中亦有所見，故宮藏品中，有些明代人物作品粗褲短衣，人身穿馬甲，又有「米」字飾紋，為明代人物風格。〔圖53〕夔龍墜為明清玉墜中大類，作品較戰國夔龍的片狀「弓」身不同，身曲折而有力度，或蛇形身，或折身，頭部有所變形，誇張，神異不俗。

明代的玉器皿與玉文具

一、明代玉器皿

　　玉器皿產生的時代非常早，但周、秦時期的作品很少，漢、唐才漸增多，即使如此，已知的漢、唐玉器皿僅為可數的幾件。宋代文獻中所記玉酒器的使用量非常大，宋人史繩祖墓出土有荷葉式玉杯，朱晞顏墓出土有光素圓形撇口玉杯，傳世作品中能夠鑒定為宋、元時期的玉器皿數量已有不少。

　　明代早期玉器皿的製造繼承了宋、元玉器皿的傳統，明早期朱檀墓出土的玉花瓣形杯，結構簡練並有鏤雕單柄，保留了宋、元作品的風格。

　　明代中晚期玉器皿的考古發現主要見於北京明定陵，有執壺、爵杯、碗等，另外北京明萬貴墓出土有白玉雙螭耳杯[註1]，南京板倉村明墓出土有八方形杯、盤及雙螭耳環。與宋、元作品相比，明代玉杯有了較大的變化，杯體出現了幾何形的主體樣式，柄、耳的設計也更加具有穩定感。

　　常見的明代玉器皿主要有壺、杯、碗、盤、爐、瓶〔圖54～56〕、罐等。

〔圖54〕明　青玉石榴紋瓶

註1 見《中國隋唐至清代玉器學術研討會論文》彩圖52、53，上海古籍出版社，2002年。

〔一〕執壺

執壺是一側有柄，一側有流，中部壺體有一定容積的玉器，多用為酒壺，大的也可作茶具。考古發現的明代玉壺代表性作品有定陵出土的青玉金托「萬壽執壺」，壺矮腰長頸，腰部淺陰線「壽」字，兩側各一「卐」字，後嵌桃式蓋鈕。還有北京小西天出土的白玉龍柄執壺。

故宮博物院存有較多的明代執壺，可以確定為明代玉執壺的作品大體可分為下列幾種：

1.**花、木式執壺**。以樹木、花果為主體造型的執壺，代表作品為青玉竹節壺、青玉蓮瓣壺。青玉竹節壺，高12.4公分，口徑8.5公分，壺體似三節相疊的粗竹節。五節竹節式壺嘴，壺柄為雙竹枝交錯盤鈕，平蓋，蓋頂嵌坐式老人蓋鈕，從壺體、蓋、鈕及作品簡練風格判斷為明代作品。青玉蓮瓣壺可分為高壺及矮壺兩種，矮壺的代表性作品有兩件，一件高15.6公分，口徑9.7公分，壺體為圓形，其外兩層蓮瓣，外層飾芙蓉、蘭、梅、菊等六種花卉，俯式獸吞雲紋柄，仰式獸吞雲紋流，荷葉式蓋，雙鴛鴦鈕[註2]。另一件高16.1公

〔圖55〕明 白玉凸雕九螭雙筒小瓶

〔圖56〕明 青玉雙螭耳勾雲六棱瓶

註2《故宮博物院藏文物珍品全集》第四十一冊，圖205，香港商務印書館，1995年。

〔圖57〕明　青玉蓮花式帶蓋執壺

分，口徑7.8公分，圓體，表面雕兩層蓮瓣，內飾凸起的「壽」字，雙枝纏繞式柄，獸吞雲紋流，圓形蓋，蓋面飾多瓣蓮瓣，嵌鴛鴦銜蓮鈕。〔圖57〕高式蓮瓣執壺則上粗下瘦，蓮瓣於其外，過肩。

2.**矮壺**。北京小西天出土的明代龍首執壺為圓形，似碗有蓋，蓋鈕與蓋相連，柄部龍首不吞，龍頸為柄，應屬明朝末期的作品，並表明明代的矮型玉執壺製造年代偏晚。清宮遺存明代矮執壺有下列幾種：

A.**八方形執壺**。「子岡」款嬰戲執壺為代表，作品高12.3公分，口3.8×6.1公分，八方形壺體，光素夔式柄，長方形口、足，後嵌獅形蓋鈕，壺外飾凸起的嬰戲圖圖案。

B.**方壺**。代表作品為雙喜字方壺，壺體為立方形，四面中部凸起委角方板，兩側凸雕「壽」字圖案，後部為方折拐子式柄，前部為折柱狀流，口、足為方形，較壺腰內收，覆斗式蓋，後嵌方桃式紐。

3.**菱花式執壺**。截面似六瓣菱花，壺腹形成凸、凹的條棱變化，上部較下部略寬闊，菱瓣式口、足，蓋面飾凸起的仿古戟式紋，亦有凸、凹的棱式變化，光素夔式柄，柄上端飾小獸面，漸細折柱狀流，壺外琢凸起的行書詩句。

〔圖58〕明　青玉壽字執壺

　　4.圓腹式執壺。壺腹似球，圓環式口、足，飾凸起的蘆雁紋。

　　5.隱式執壺。外形似物或器，空其腹，能貯水外注。代表作品為青玉辟邪式執壺，作品為大頭，有角，鱗身，尾後翹為壺柄，胸前一小獸為流，頭部可開啟向腹內注水。

　　6.低腹高壺。壺型較高，下部為壺腹，上部為長頸，這一類壺在明代較為流行，以圓腹為最常見，主要類型有下列幾種：

　　A.圓腹筒頸，壺腹略圓，截面為橢圓，其上有筒式壺頸或圓筒，或六方筒，坡形肩〔圖58〕；

　　B.壺的主體為仿古樣式，如宮廷遺存青玉鈁式執壺，壺體似鈁截面為方形，上窄下闊，兩側飾淺浮雕的花葉紋，蓋頂或蓋立獸鈕，獸吞流，柄、流、蓋鈕為時樣，壺體仿古；

C.六方執壺、八方執壺。壺體為六方或八方式，一般為闊腹，高頸，撇口。典型作品為六方「壽」字花卉紋壺，壺體略高而扁，八棱式，闊腹，八方式蓋，獸鈕，頸中部凸起呈葫蘆形，其上雕「壽」字，蓋、足及壺腹飾凸起的折枝花卉圖案。俯式獸吞夔尾柄，仰式獸吞流。

7.**高腹執壺**。壺體高，上部為闊腹，腹下部細而窄，作品之蓋一般較高，與下腹對應。宮遺作品有蓮花式、六方式、弧凸四方式等。代表作品竹節柄高腹壺，長方口，坡肩，肩飾蓮瓣紋，四面式壺體，每面微外凸，飾花卉圖案，覆斗式高蓋，蓋與壺的四條垂邊皆有竹節式戟，竹節式壺柄，仰式獸吞流。

明代玉執壺主要為上述幾種樣式，高壺多為高蓋，鈕與壺身造型不甚統一，淺浮雕花紋，偶有貼餅狀裝飾於壺頸，多為獸吞式流。

〔二〕玉杯

目前可確定的明代玉杯主要有花果式杯、鏤空式杯、雙耳杯、單柄杯、托杯、仿古玉杯等幾類。〔圖59～71、74〕

1.**花果式杯**。流行於宋、元、明、清時期，宋元作品一般體積略小〔圖73〕，外部鏤雕柄也很簡練粗實；明代作品的鏤雕部分略有加大，多有細枝繁葉，更易損壞，代表作品為「子剛」款桃式杯，杯形似桃，其上刻詩。〔圖75〕

2.**鏤空杯**。杯外多為鏤空圖案所包覆，鏤空部位較大。杯身較小，鏤空部分一般為枝葉，少量的為樹木山石，有時與筆洗較難區別。一般玉杯應在枝葉中留有供使用的飲口。

3.**雙耳杯**。早期雙耳杯見於宋代，有雙童耳銀杯、雙童耳玉杯等。明代雙耳玉杯承其傳統，但樣式更為豐富，主要有幾種：

A.**雙螭耳杯**。此種杯於南京、北京明墓考古發掘中都有出土，螭紋的使用似受宋、明仿漢玉器的影響，頗具虎氣，有螭前足及口皆伏於杯口者，也有螭頭高出杯口者。一些研究者認為螭頭頭位較高者，為明晚期作品。一般作品以螭身為杯耳，螭後足及尾連於杯體下部，後蹬而凸雕於杯側；

B.**雙龍耳杯**。傳世玉器中有一款玉杯，與明代雙龍耳杯相似，但雙耳為龍首，獸身，短四足，翹尾，足肘之上又有較多的橫線紋，這一式玉杯數量較

〔圖59〕明　青玉螭耳乳釘夔壽杯

〔圖60〕明　青玉雙嬰耳杯

〔圖61〕明　子剛款青玉龍柄觶式杯

〔圖62〕明　青玉雙耳乳釘紋杯

〔圖63〕明　青玉雙螭耳方斗式杯

〔圖64〕明　青玉雙獸吞耳杯

〔圖65〕明　青玉竹節竹葉耳壽字杯

〔圖66〕明　青玉鏤雕花耳山水人物杯

〔圖67〕明　青玉龍首觥

〔圖68〕明　青玉鏤雕松桃鹿鶴同春人物杯

〔圖69〕青　玉紫浸勾雲龍首觥

〔圖70〕明　龍柄玉杯

〔圖71〕明　白玉單耳螭紋帶托杯

〔圖72〕宋　青玉長方折角龍柄杯

〔圖74〕明　黃玉蟠螭觥

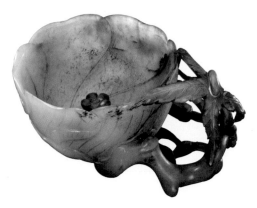

〔圖73〕元　經火白玉鏤雕枝柄葵式杯

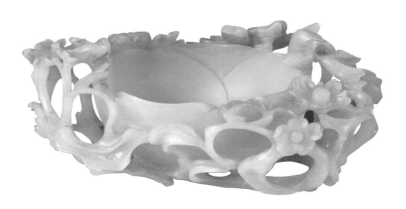

〔圖75〕明　青玉鏤雕花卉葵花式杯

多。又有瑪瑙製品，《故宮博物院藏文物珍品全集》四十一冊圖190、194、196皆屬此類，其中一些作品龍形古樸，可能早於明代，一些作品工藝及紋樣皆屬清代風格，圖196玉杯帶有明代的托盤，可能為後來拼配，就這件玉杯所附龍形耳而言，方形頭，鑽孔類眼，三道立眉皆屬明代龍紋風格，作品應為明代製造。類似的宮遺作品亦應為明代製造。〔圖72、76、77：宋、明龍耳杯比較〕

　　C.嬰耳杯。1987年南京板倉村明墓出土玉器中有一件嬰耳八方杯，兩耳各為雙嬰，杯面中部又雕一嬰，作品有五子登科之意。以此器為標準，可確定宮遺玉器中的一批明代嬰耳杯，主要有鏤雕女嬰執花耳直口圓杯；前、後反向雙童耳外飾蓮瓣直口杯；踏雲雙童形杯耳嬰戲圖圓杯；相背童子形杯耳直口杯等等。

〔圖76〕明　青玉象耳活環光素杯

〔圖77〕宋　白玉龍耳杯

　　D.雙花耳杯。杯耳各為一朵花朵，其下有少量枝蔓，個別作品花蕊部位嵌有寶石。此類雙耳杯無考古發掘資料可依，但這種在玉件上嵌粗粒寶石作品在明代非常流行，可資借鑒。

　　E.鏤空雙耳杯。杯兩端帶有較大的鏤空耳，鏤空部分多為複雜的花枝。

　　F.雙圭夔式耳杯。杯之雙耳似橫向伸出的小圭，其下細柱彎成夔形。《中國玉器全集》第五冊圖140收錄有一件鹿紋八角杯，就形式及圭耳的形狀判斷，絕對為清代之前的作品。據此可判斷圭式耳杯為清代之前作品，多數為明代製造。杯耳之圭或有變化，主要為：圭中部有凸脊，圭表面平而外端有尖，

〔圖78〕宋　經火玉龍耳活環杯

圭板外端呈連弧狀，板上飾紋等。《古玉精粹》圖108青玉菱瓣式杯，原定為明代作品，但其耳上圭板有上、下折疊變化，同圖124雍正款玉杯同，兩杯應為同一時期作品。

　　G.「福」、「祿」、「壽」字玉杯。宮遺一些玉杯的耳上帶有上述字樣，多數為明代作品。

　　H.獸吞耳玉杯。這類玉杯的兩側各有一獸頭，獸口吞有夔形柱，按常規，獸吞夔式耳為爐耳，但一些作品，體小而平口，似為飲用之杯。

　　4.斗杯、八方杯。八方形玉杯，南京板蒼村明墓已出土，器薄口平。宮遺玉器中有斗形杯多件，一些帶耳，一些不帶耳，與八方杯應屬同一體系。一些帶有花紋的作品，花紋是明代風格，如乾隆題詩，並「梅道人」詩斗杯，作品用帶墨斑白玉製，又將墨斑上砸出斑坑，就其圖案風格，用玉風格而言，應為明代仿古類作品。又宮遺「福」、「祿」雙耳斗式杯，口沿飾回文，與板倉明墓玉杯紋飾同，耳部風格亦為明代玉器風格，亦為明代作品。

　　5.乳釘紋杯。乳釘紋為明代玉器常用紋樣，多見於玉圭，製造乳釘時，先用管鑽套鑽乳釘，再行磨圓，作品往往留有鑽痕。宮遺玉器中有一批乳釘紋玉杯，應為明代作品。明代乳釘紋圭多見於婦女墓葬，乳釘紋杯亦或多為婦女所用。

　　6.單柄玉杯。宋、元玉器中已見單柄玉杯，杯口一側平出橫　，薄片狀，或有火珠、龍、螭圖案，其下托以彎柱，或為螭身。〔圖78〕明代作品在此基礎上發生變化，鋬、柱形式多樣，花紋亦增複雜。或透空，或仿古，或為

〔圖79〕明　白玉雙鳳螭把匜

動物形。又有雙耳，單柄共用，杯外有三處裝飾者。

7.匜杯、羽觴杯、荷花瓣等樣式玉杯。匜杯扁而長，上寬下窄，橢圓形足，前端有流，後側為柄，羽觴杯為橢圓形，似舟而淺，兩側橫出兩耳，為仿漢樣式。〔圖79〕

8.托杯。目前見到的早期玉托杯為宋代作品，杯似碗，其下有圓筒狀托子，托子的中腰處有一周向外延展的承盤。此類托杯在明代已不再使用。南京板倉村明墓出土的一套玉托杯，杯可獨立使用，其下有托盤，托盤中部有一個與杯足相適應的圓環，由此而知這一類盤是專門為托杯而製的托盤。

玉托杯的使用延續到了清代，清代宮廷中使用的玉托杯中，有很多是清代製造的，一般來看，清代的作品除了玉材選擇不同於明代作品外，造型與裝飾風格也與明代作品有區別。清代的托盤厚且高，一些作品有明顯的足，盤內的裝飾花紋也較複雜，厚重。

依據南京出土玉托杯而鑒選出的宮遺明代玉托杯有如下特點：托盤較薄，高度不大，杯上的裝飾花紋也較淺，一些托盤背面光素無足，中部承杯處向內凹，外形主要有長方形委角、海棠式、橢圓等式。

〔圖80〕明　白玉纏枝花卉碗

〔三〕碗

　　碗是吃飯用的餐具，較少有陳設效果，製造時又需好料，費料耗工，因而必須在玉器製造發展到一定程度時才可出現，使用者也較為顯貴。明代以前的宋、遼時期，玉、瑪瑙碗已較多地出現，考古發掘中亦有所見。而明代玉碗的確定，主要是在宮遺玉器中鑒選出來的。

　　《故宮博物院藏文物珍品全集》四十一冊則列明代玉碗四件圖186～189。這些作品的外型已不具宋、元作品的風格，但同清代宮遺作品相比較，它們胎體的厚度，均勻度，邊沿的準確度都不同於清代宮廷作品，玉材的選用更接近於明代玉器，圖案的結構，題材皆明代風格，因而確定為明代作品無疑是正確的。該書《故宮博物院藏文物珍品全集》圖186、187二件所飾為帶枝花卉紋，花朵大而葉小，為菊花、牡丹、山茶等品種。兩件作品的圖案結構基本一致，略有變化，琢製時多用坡線，圖案邊緣的陰線呈由外向內的坡狀，空白處不減地。圖案表面有較大的平面，似凸起又不甚凸起。這類花朵排列圖案，同明代中期雕漆作品邊帶圖案風格一致。圖189為淺浮雕的飛龍紋圖案，龍方頭細身，圓環式眼，是典型的明晚期龍紋風格，龍身旁的雜寶圖案也為明代圖案特點。
〔圖80～83：明代與宋代玉瑪瑙碗〕

〔圖81〕明　青玉刻螭紋碗

〔圖82〕明　玉雕纏枝牡丹碗

〔圖83〕宋　瑪瑙葵花式帶托碗

二、明代的玉文具

　　我國有以玉製造文具的傳統，目前發現的漢代玉硯滴就有臥鳳、臥羊、飛熊等多種樣式。宋人的筆記中又有大量玉臂格、玉硯的記載，但總的來看，目前發現的元代之前的玉製文具還不算太多，由此推斷，在元代之前，玉製文具的使用範圍還不是很廣泛。

　　玉文具大量出現在明代。由於明代社會經濟的發展，工藝品市場驟然擴大，玉器的市場需求量急劇增加，仿古玉、玉器皿、玉佩飾和玩人量出現，文人、官紳中出現了收藏使用玉器熱。明人張應文在《清秘藏》中記所見玉器就有圭、蒲璧、九螭玦、五螭玦、子母螭玦、蟠螭玦、夔龍玦、馬頭鉤、蟬鉤、螳螂鉤、臥蠶紋環、蟠螭彝爐、白玉劍璏、臥蠶紋杯、龍紋壺、鳳頭釵……辟邪書鎮、蟠虺書鎮、臥蠶紋磬、龜、螭、橐、駝、辟邪、狻猊、虎鈕印等多種。由此可看出明代人對玉器的重視和追求。這種收藏、使用玉器之風為玉文具的發展創造了條件。

　　有關明代使用玉文具的文獻記載很多，記述較為詳盡的有明人屠隆的《文具雅編》（中華書局1985年），其中記載的玉文具品種有筆格、筆床、筆屏、筆筒、筆洗、硯、水中丞、水注、印章、印色池〔圖84～86〕、鎮紙、壓尺秘閣、貝光等。而對筆格、水中丞的記載尤為詳細：「玉筆格，有山形者，有臥仙者。有舊玉子母貓，長六七寸，白玉作母，橫臥為坐，身負六子，起伏為

〔圖84〕明　青玉卦紋鏤雕龍珠花蓋盒

〔圖85〕明　青玉荔枝紋圓盒

〔圖86〕明　青玉十二辰八卦小圓盒

〔圖87〕明　青玉鏤雕鶴鹿仙人委角方墨床

格。有純黃，純黑者，有黑白雜者，有黃黑為玳瑁者，因玉沾污取為形體，扳附眠抱，諸態絕佳，真奇物也。」如「水注，玉者有圓壺，方壺，有陸子剛製白玉辟邪，中空貯水，上嵌青綠石片，法古蕉形，滑熟可愛。有蟾蜍注……。」[註3]這些文獻記載使我們初步瞭解到明代人對玉文具的珍愛和製造的考究。

　　1971年山東省鄒縣朱檀墓出土了一批玉器，其中有二件極其珍貴。一件為青玉硯，長方形，板狀，前端呈弧形，硯池在硯的前端，很淺，呈橢圖形，長16.2公分，寬9.2公分。硯的邊緣有凸起的邊框，除此之外，無其他紋飾，硯下有精緻的木座。另一件為白玉葵花洗，高3.2公分，口徑7.3公分，用好白玉製成，為五瓣秋葵花式，外鏤雕花葉形的柄和托。這件器物有人認為是杯，但器淺而闊，有人認為為筆洗。

　　考古發掘到的明代玉文具僅有少量幾件，大量的明代玉文具為傳世品，收藏於博物館或私人手中，其中尤以故宮博物院收藏的作品種類最全，風格最明顯，是識別其他作品的典型。常見的明代玉文具有水丞、硯滴、筆洗、筆山、臂格、筆桿、印盒、硯、墨床〔圖87～89〕等。

註3 明屠隆：《文具雅編》，中華書局，1985年。

〔圖88〕明 白玉「子剛」款山水墨床

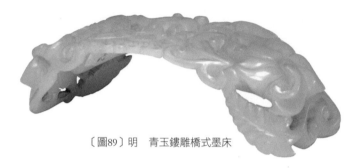

〔圖89〕明 青玉鏤雕橋式墨床

〔圖90〕明 青玉帶皮雕蟠螭水丞

　　水丞又稱水中丞。它是用來貯水的，研墨時用小匙將水提出。〔圖90〕在
這類作品中，最典型的一件是故宮收藏的一件八方形作品。作品為八棱柱形，

上有頂，下有底，內空可貯水，外側每一棱面中部都琢有一種卦紋，卦紋上下各有一夔龍，器頂有一孔，插入空心滴柱，器底琢有「水中丞」三字。所用之玉白而泛紅，器物上有較強的玻璃光澤。〔圖91〕

硯滴是在容器的上部有一個滴注，滴注被提起時可將容器中的水帶出。明代的硯滴有獸形硯滴、鳥形硯滴等，而最常見的是異獸硯滴。這類異獸硯滴有大致相同的樣式，為臥形獸，獸腿短而向前折或有一足後蹬，獸頭方而扁，鼻眼在上平面，嘴在前面的立面上，合嘴，背部有成綹的對稱長毛，尾分叉。這些獸、鳥形硯滴上往往帶有一些小的裝飾紋樣或羽毛，一般來講，這些紋樣的雕琢比較生硬，不似宋、元時期作品圓潤。〔圖92～93〕但是一些明代帶有滴注的容器自身刻有「水中丞」字樣，可見明代硯滴與水丞區別並不明顯。

筆洗。《文房器具箋》曰：「筆洗，玉者有缽盂洗，長方洗，玉環洗，或素或花，工巧擬古。」現存的明代玉器中，有一類作品，似杯形但體積很大，作品的四周佈滿鏤雕的花枝，有的作品鏤雕部分在總體積上較容器部分還要大，這類作品口沿處皆被花枝遮住，因而不是飲酒所用，而是筆洗。這類作品要求玉材精良，

〔圖91〕明　青玉八卦式硯滴

〔圖92〕明　青玉黑斑臥鳳硯滴

〔圖93〕明　青玉瑞獸形硯滴

〔圖94〕明　青玉蟠螭鏤雕牡丹柄洗

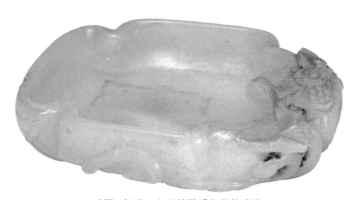

〔圖95〕明　白玉鏤雕委角荷葉式洗

不能有綹、裂，否則枝葉就會斷缺。另外鏤掉的碎玉又不能再製小件作品，材料浪費較大，因而到了清代就不再製造此類作品了。〔圖94、95〕

　　印盒。又稱印色池，是專門盛裝印泥的。明代的印盒有方形、圓形、橢圓形等各種樣式，較精的作品一般都飾以較淺的浮雕紋飾，以花果、蟠龍紋為多，也有山水圖案。圖案中有較多的平面，似薄薄的一層剪紙貼於器物表面。山水圖案受文人畫影響，或遠水近山，或枯樹草亭，或排雁昏鴉伴有策杖行人。結構簡練，意境深遠，恬淡為趣。最典型的作品是子剛款青玉山水盒，盒高6.2公分，口徑7.8公分。盒為方形，上寬下窄，上部為蓋，蓋頂隆起，雕山水圖，圖案以水中小鳥為遠景，近處湖水一灣，岸上一人坐於草亭前，似觀水中小舟。隔岸有高樹、草屋，圖上角空白處有行書詩句。盒四壁分別雕荷、桃、石榴等花果圖案。盒底琢陽文「子岡」印形款。

玉筆桿。明代的玉筆桿是目前已發現的玉筆桿中年代較早的作品。桿上有帽，皆為圓柱形，以單色玉製成。不加嵌飾，筆桿之上雕有紋飾，多為浮雕，圖案薄而淺。清宮遺存的明代玉筆桿上多有螭紋。

玉筆格。筆格又稱筆架，是架筆的工具，在文房中是不可缺少的。筆格的產生年代很早，但考古發掘到的早期玉作品是浙江衢州南宋史繩祖墓出土的玉筆架，為長方形，較薄，上方有臥筆的架槽。該墓還出土有水晶山式筆架。明人屠隆曰：「玉筆格有山形者，有臥仙者。有舊玉子母貓，白玉作母，橫臥為坐，身負六子，起伏為格，有純黃純黑者，有黑白雜者，有黃黑為玳瑁者，因玉沾取為形體，扳附眠抱，諸態絕佳，真奇物也。」[註4]屠隆的記述表明明代的玉筆格形狀已十分複雜，題材廣泛且用玉多樣。屠隆的記述為識別明代的玉筆格提供了線索。清代宮遺玉器中多有筆山，可架筆的玉動物、玉人物及其它類型的筆架。依屠隆所言，將其中具有明代玉器風格的作品選出，其中較多的為山形筆架，又稱筆山，以三峰形最為常見。一些作品表面光素，一些作品引入了繪畫中的山石皴法，表面呈凸起岩石狀，岩石起伏變化造型奇特。山石的表現方式中以疊岩與洞岩最常見，疊岩中的山石似頁片疊壓，岩石邊線呈長線條。洞岩是用柱狀砣頭將山峰表面砣為高低變化狀，其中又有直徑不同的穿透性孔洞，似太湖石的風格。所謂「臥仙」筆架，應為臥式人物，宮遺玉器中有一批明代風格的臥人式作品，有嬰童、婦女、動物、文人等，其中不乏可充筆架者。〔圖96〕典型作品為白玉太白醉酒[註5]，作品為仰臥老人，手持靈芝式如意，屈膝。

玉秘閣。秘閣又稱臂格。寫字時置於肘下，以免將墨跡蹭污。宋代文獻中已記載有秘閣的使用，玉製作品的實物尚不能確定。玉製文具中，最不易使用的是玉硯，但文獻中已有宋人使用玉硯的記載，因而宋人使用玉秘閣，應是必然的。《故宮博物院藏文物珍品全集》四十一冊圖132收錄有雙螭玉臂格一件，作品長10公分，寬3.4公分，片狀，兩側下卷，表面浮雕雙螭紋，雙螭相對，口銜靈芝。因目前公佈的宋代玉器的考古發掘資料中，尚不見螭銜靈芝圖案，而帶有螭銜靈芝圖案的玉器在元代遺址的考古發掘中已出現多件，這件作品的

註4 明屠隆：《文具雅編》，中華書局，1985年。

註5 《故宮博物院藏文物珍品全集》第四十一冊圖213，香港商務印書館，1995年。

〔圖96〕明　青玉銜靈芝臥鹿筆架

螭紋具有宋、元風格，目前將其定為元代作品，是已知的最早的玉秘閣。宮遺玉器中有一批玉秘閣，造型與上述元代雙螭秘閣相仿，片狀，兩側下捲，前後兩端呈等距的斜「s」狀。作品的長度、寬度不同，大致有透雕雲螭紋、淺浮雕竹葉或花草紋、淺浮雕花鳥並陰線詩句等不同圖案，其中一些帶有「子剛」款，這些作品分別屬於明、清早期、清中期製造作品。從圖案來看，其中的淺浮雕且有陰線相間圖案的作品應屬明代風格，從文字來看，琢有詩句的作品中，存在著較多的明代作品，其中帶有浮雕詩句及粗陰線詩句的，應屬明至清早期作品。

　　玉鎮紙、壓尺。漢代玉器中有獸形玉鎮，可用於鎮座席。但漢代帛與紙已用於書、畫，使用時必有鎮壓，玉鎮用於文房也是必然之事。屠隆《文具雅編》記明代鎮紙：「古玉彘，古人用以掙肋殉葬者，有白玉臥狗，有臥螭，有大樣坐臥哇哇，有玉兔、玉牛、玉馬、玉鹿、玉羊。又有玉蟾蜍，其背平，斑點如灑墨色，同玟瑰，無黃暈，儼若蝦蟆背狀，肚下純白，其製古雅肖生，用為鎮紙，摩弄可愛。」(註6)這一記載說明了明代玉鎮紙使用的多樣性，玉彘即古人殉葬的豬形玉握，握於死者手中，明代人用為鎮紙。可見鎮紙的使用原則是

註6 明屠隆：《文具雅編》，中華書局，1985年。

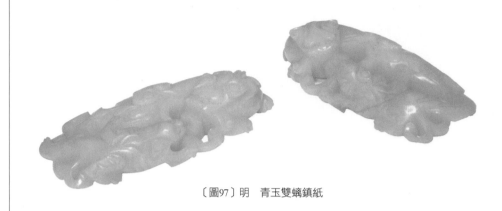

〔圖97〕明　青玉雙螭鎮紙

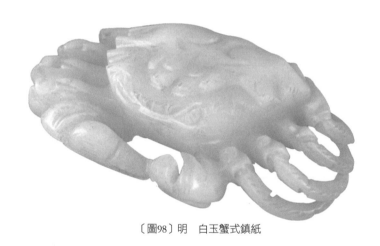

〔圖98〕明　白玉蟹式鎮紙

求實用，求古樸精緻。故宮藏玉中有專門用於鎮紙的明代玉器，典型作品為雙螭（子母螭）鎮紙及山石臥鳳鎮紙。雙螭鎮紙呈較厚的片狀，鏤雕大螭，回首顧盼身旁小螭，山石臥鳳鎮紙為一片狀山石，其上鏤空呈孔洞，一臥鳳棲於石旁，鳳尾如帚，搭於石上。〔圖97、98〕

　　壓尺與鎮紙使用方式類似，但壓尺較長，更便於壓住翻開的書卷。《文具雅編》又記明代雙螭壓尺〈有玉碾雙螭尺〉這類作品，下部為長條形玉尺，尺上凸起雙螭為鈕。目前所見作品多為清代製造，明代作品尚需研究確認。

　　硯。宋米芾《硯史》記成州栗玉硯「理堅，色如栗，不甚著墨，為器甚

〔圖99〕明　白玉螭紋長方硯台

佳」^(註7)。「理堅」是講材料硬度高，「不甚著墨」是講墨不易沾於表面，由此看來此硯是玉質或近於玉質的材料製成。宋人高似孫《硯箋》對玉硯略有考釋，可見玉硯出現的時間很早。使用玉硯的關鍵在於硯堂的處理，太滑則不發墨。因而需於用墨處不出光，使有芒（見《硯箋》卷三引李方叔）^(註8)，也就是在著墨處不能琢得過於光滑，而要留有芒，以便發墨。山東鄒縣朱檀墓出土的玉硯為明早期作品，長方形，片狀，上端有小硯池。類似形狀的作品，宮遺玉器中亦有，其上有龍紋，時代特點明顯。〔圖99〕

註7 桑行之等編：《說硯》，上海科技教育出版社，1994年。
註8 桑行之等編：《說硯》，上海科技教育出版社，1994年。

仿古玉與清宮舊藏明代仿古玉器

一、仿古玉的產生

同其他類別工藝品相比較，玉器具有使用時間長，更新換代慢的特點，在使用過程中，大件器皿破碎後還可以改成佩、墜，玉佩墜破損後亦難丟棄，略加修整後依然可以使用。歷代工藝品中，玉器是最具傳統風格的作品，明清以前的玉器發展大致經歷了新石器時代，夏、商、西周時代，春秋戰國、兩漢、魏晉時代，唐、宋、遼、金、元時代等四個發展階段，四個時代的玉器在風格上互有聯繫，但差別是明顯的。除人物、動物造型以外的玉器物，新石器時代玉器多為幾何型體，邊線呈直線或弧線狀，裝飾紋樣多為變形的單線人物、動物、植物紋且少飾紋。夏、商、西周玉器多兵器、禮器、佩玉，裝飾紋樣以單陰線或雙陰線的長線條組合為主。春秋戰國兩漢玉器中佩玉佔相當比例，又有人物、動物及器皿，裝飾紋樣以小單元的抽象紋樣進行四方連續組合，形成滿而密的紋飾。唐宋遼金元玉器具有很強的生活化傾向，出現花鳥、人物、動物等多種圖案，器物裝飾造型受中亞文化影響。

考古發現及文獻材料表明，宋代已經出現了仿古玉器，考古發現的宋代仿古玉器主要有如下幾批：

1.朱晞顏墓出土玉卣及玉劍格，即為仿古玉器。玉卣略扁，束頸，闊腹，飾獸面紋，卣頸部有凸起的裝飾戟，夔龍紋兩側有夔龍式耳，玉劍格呈上寬下窄的梯形，中部略凸，兩側上下間是直線狀，表面飾凸起的勾雲紋。

2.四川廣元出土獸面紋玉飾。

3.四川蓬安縣西拱橋出土玉璧，玉璧的一面飾較密的仿古勾雲紋，一面飾凸起的三螭紋。

4.安徽博物館藏宋墓出土仿古玉匜杯，杯單柄，柄上端有一獸面紋板。

5.四川廣漢出土的兩件獸面紋玉飾。這些考古發掘的宋代仿古玉所仿製的器物及風格，多屬戰國至漢代的玉器。

宋人呂大臨編《考古圖》，對古器物進行考釋，收錄玉器十四件，分別為玉虎、瑝、珌、穀璧、瓃玉璲、水蒼佩、玉帶鈎、玉杯（羽觴）、玉鹿盧、白玉雲鈎、玉環、玉玦、雕玉蟠螭、玉環玦。十四件玉器[註1]絕無商周及此前玉器

註1 宋呂大臨：《考古圖》，乾隆十七年亦政堂藏版。

的風格，其中屬戰國或漢代玉器風格的有玉虎、水蒼佩、璊玉瓏，其餘玉器則去漢甚遠，更難定為戰國之物。所繪劍珌，兩側直而中部凸，與朱晞顏墓出土作品特點相似。帶鉤寬而薄，鉤腹蟠螭，造型紋飾皆與宋元器物風格相同。而水蒼佩為璜形，邊呈凸凹連線狀。玉鹿盧呈雙環合頁式相連。雕玉蟠螭為單螭附雞心佩狀。類似風格的作品在漢以前玉器中並未出現，而宋代玉器中卻能見到，因而《考古圖》所繪十四件玉器中宋代當代作品為多數，這些作品紋飾或局部形狀有漢代玉器風格，又被作為古玉收錄於書中，因此作品為宋代的仿古玉器。

考古發現及文獻中所錄宋代仿古玉器表現出：宋代的仿古玉在主體上仿戰國、漢代玉器，作品的紋樣為方形小獸面紋，用於器腹大獸面紋、勾雲紋、螭紋、回紋、夔龍紋為最常見，而在造型、局部裝飾紋樣、邊線處理等方面較古器物略有變化。

二、明代仿古玉是宋代仿古玉的繼續

明代玉器整體上繼承了唐至元時期發展起來的玉器風格，作品多樣化，宋、元玉器的影響尤為明顯。目前我們看到的很多宋代的玉器特點，在明代玉器上也有表現，明代的仿古玉器也是在宋代仿古玉器的基礎上發展起來的。對此，高濂在《遵生八箋》中有記述：「漢人琢磨，妙在雙鉤碾法，宛轉流動，細入秋毫，更無疏密不勻，交接斷續，儼若游絲白描，毫無滯跡，……其製人物、螭玦、鉤環並殉葬等物，古雅不煩，無意象形而物趣自具，尚存三代遺風。若宋人則刻意模擬，力求形象徒勝漢人之簡，不工漢人之難，而雙鉤，細碾書法，臥蠶則迥別矣，所以漢宋之物入目可識。……近日吳中工巧模擬漢宋螭玦、鉤環，用蒼黃雜色邊皮蔥玉，或帶淡墨色玉如式琢成，偽亂古製，每得高值，孰知今人所不能者，雙鉤之法，形似稍可偽真，鉤碾何能擬古，識者過目自別矣。」[註2]對此《清秘藏》亦有所述：「三代秦漢製玉，古雅不煩，無意肖形而物趣自具，宋人製玉刻意模擬，雖能發古之巧，而古雅之氣已索然矣。」「即為雙鉤碾法，今人非不為之，其妙處在宛轉流動，細入秋

註2 轉引自《說玉》，上海科技教育出版社，1993年5月。

〔圖100〕明　青玉仿古樽

〔圖101〕明　青玉仿古銅紋獸耳出戟扁瓶

毫，……。」[註3]《清秘藏》與《遵生八箋》在評述漢玉風格、宋仿漢玉、明人仿漢、宋玉器時所用言語略同，多有抄錄，亦表明了認同，所言內容大致認為，漢人玉器無意象形而物趣自具，人物、動物等立體造型方面並不很多，線條的碾磨極具功力，宋人仿漢玉，只注意仿照大略，細工方面去漢已遠，明人仿漢、宋玉器，注意了材料的選擇，樣式的處理，細工線條方面同漢、宋玉器仍有很大差距。細緻觀察便可看出，這兩處記述，表明了宋仿古與明仿古的區別，這一點在研究明代仿古玉時是需要注意的。〔圖100、101〕

三、明代的獸面紋仿古玉器

獸面紋是古代器物上常用裝飾，新石器時代良渚文化及龍山文化玉器上已經有了獸面紋裝飾圖案，商周青銅器上出現了裝飾於器物主體部位的，極度誇張眼、鼻的大獸面紋，也就是後人所謂的饕餮紋。戰國至漢階段器物上的獸面紋與商周器物上的獸面紋有所不同，它已不再是器物的主體圖案，尤其是青銅尊、鼎，腹部不再用大獸面紋為中心圖案，獸面中

註3 轉引自《說玉》，上海科技教育出版社，1993年5月。

〔圖102〕明　青玉獸耳條紋爐

〔圖103〕明　青玉龍耳出戟獸面方爐

眼、鼻比例變小，集中於圖案的中下部，其猙獰程度也遠不及商周獸面。清代
器物上的仿古獸面紋同宋、明兩代的獸面紋樣有明顯的區別，宋、明兩代的仿
古獸面紋中，明代的大饕餮紋與方額獸面紋同宋代的紋飾近似，小獸面紋則有
明顯的區別。〔圖102〕明代的仿古獸面紋玉器的確定，主要是在對獸面紋研
究的基礎上得出的〔圖103、104〕。

〔圖104〕明青玉仿古銅紋人形三足小圓觚

〔一〕小獸面紋玉器

定陵出土明代玉爵杯[註4]，三足，足部獸面裝飾不清，但出土的金爵杯[註5]、琉璃香爐[註6]皆有明顯的獸吞式足，足的上部為獸面紋裝飾。1962年，北京師範大學施工時發掘了清代的「黑舍里氏」墓，「黑舍里氏」為清代一品官員索額圖之女，七歲而亡，隨葬物品中有多件玉器，其中的「子剛」款環柄玉樽、龍柄執壺皆為明晚期作品[註7]。玉樽主體為圓柱形，圓形帽式蓋，三小獸面式足，獸面整體近似於梯形，呈凸起的片狀，其意寫實，構圖簡練，平眉直鼻，核形眼，寬鼻翼，兩耳上豎，誇張呈旋狀。執壺為圓形，腹呈碗狀，足部內收，龍

註4《定陵》圖93。

註5《定陵》圖77。

註6《定陵》圖201。

註7 楊伯達主編：《中國玉器全集》第五冊。

形柄，肩兩側各有一獸面，獸面微凸，呈餅狀，頷部略圓，兩耳上豎，呈旋狀。兩件作品所飾小獸面略有不同，其一外形略方，其一外形略圓，共同點在於表面略平，耳上凸，五官簡練，往往呈貼餅式雕於器物表面，獸面旁無獸身表示。

目前已知的康熙及其以後的清代玉器中，這一風格的小獸面紋裝飾，表現為臉形複雜，臉部有雲紋裝飾，而考古發現的宋、元玉器上尚不見帶有這一風格小獸面紋裝飾。現有材料表明，這一裝飾是明代玉器上獨特的裝飾風格。據此，可將帶有這一裝飾風格的清代之前的玉器作品，確定為明代製造。

〔二〕饕餮紋玉器

舊時文獻把裝飾於器物腹部的大獸面紋圖案稱為饕餮紋，這種獸面紋圖案主要出現於商、周器物，在宋、元、明、清仿古器物，尤其是玉器上也有較多的運用。宋代至清代，器物上大獸面紋的發展大致為由簡單到複雜的變化過程，這一過程又可分為宋元、明、清三個階段。第一階段為宋、元時期，這一時期器物上的大獸面紋，考古發掘已提供了少量的具有代表性的作品，四川廣元宋墓出土有獸面紋圓形玉飾[註8]，安徽省宋朱晞顏墓出土有獸面紋玉卣，兩件玉器上的獸面紋極其簡練，五官部位近似於線條勾勒，眉與鼻翼以線條表示。第三階段，也就是清代的獸面紋，五官所佔比例趨小，或於額部，或於嘴下，或於兩腮，有複雜的勾雲紋裝飾，眼形多樣或近似於重環，或近似於鳥首，眉粗大、複雜，鼻形多為正、反向的如意，且有複雜的裝飾。

依據一、三兩階段的獸面紋推斷，並於清宮遺存玉器中排比，就可以看出第二階段也就是明代的大獸面紋或饕餮紋的特徵，這一時期紋飾的複雜程度在前述一、三階段之間，五官在面部佔有相當大的比例，眼多為核形或紡錘形，略有變化，鼻呈如意形或勾雲形。由於清代宮廷器物上饕餮紋的明朗化，清宮遺玉中的明代以前的饕餮紋作品便可確定，暫且將其中類似於第一階段的圖案定為宋、元作品，其餘作品則綜合其特點而考慮為明代所製。清宮遺存明代饕

註8 《文物》1982年第6期。

饕紋玉器現有多類，主要為簋式爐、方鼎、三足鼎、獸耳活環壺、三節獸面紋壺、獸面夔紋卣等作品。〔圖105～108：明代獸面紋與清代獸面紋玉器〕〔拓片24～26〕。

〔三〕仿戰國時期獸面紋圖案的玉器

春秋戰國時期，器物上裝飾的獸面紋較西周時有所變化，這種變化在玉器上更為明顯，器物上的獸面紋有了明確的外形，多數圖案為平眉，方眼，五官緊湊，額頭以上飾勾雲紋且佔有較大的比例，這一風格延續到了漢代，這類獸面紋多不用於器物腹部的主體裝飾，而見於飾片、劍飾、鋪首等處。《古玉圖譜》第五十八冊稱端部帶有獸面紋的劍璏為「古玉虎首紋璏」，據此或稱此類獸面紋為虎首紋[註9]。

宋、元時期出現了仿戰國時期獸面紋玉器，元人朱德潤繪《古玉圖》有「琫」、「琫」、「璏」等物，上飾獸面紋，其中「琫」為獸首銜環，邊緣多呈內凹的弧線，不似漢以前物。「琫」為劍珌，邊緣呈直線狀，也不為漢以前物，判斷這些作品的製造年代，應以宋、元為宜。安徽省博物館陳列中，展出有合肥宋墓出土玉

〔圖105〕明　青玉仿古銅獸面紋樽

註9 《說玉》，上海科技教育出版社，1993年。

〔圖106〕明　青玉雙龍耳獸面紋爐

〔圖107〕清　青玉帶皮獸耳八卦蓋爐

〔圖108〕清　乾隆款青玉仿古獸面簋式蓋爐

拓片〔24〕明　玉獸面雲蝠紋瓶圖案

拓片〔25〕明　玉獸面紋拓片

匜，匜為單柄，柄上端飾一獸面，獸面整體近似於方形，平眉，是明顯的仿古樣式。這些情況說明，宋代的仿戰國獸面紋在玉器上已大量使用，這些材料還表現出宋代的仿戰國獸面紋具有精緻、規整、線條纖細的傾向。

上海松江區西林塔地宮建成於明正統十年，地宮內藏有一件獸面紋玞，獸面為繩紋平眉，繩紋粗而欠規整，額部飾勾雲紋，勾雲型較大亦欠規整。玉玞發表於黃宣佩先生主編的《上海出土唐宋元明清玉器》，撰文的王正書先生認為作品製造於元代[註10]。西林塔玉玞的製造年代的確定有其模糊性，但它表明了明正統以前仿戰國獸面紋的又一類型。

清宮遺玉中有幾類帶有仿戰國獸面裝飾的玉器，作品的製造年代明顯地早於清代，又同上述作品風格有別，就作品多方面特徵而言，製造年代應屬明代中、晚期。作品有單柄杯、合巹杯、獸面形玉飾、劍飾等。單柄杯為六方形，杯旁伏螭，杯柄為夔形，上部為平置的獸面形鋬，有安徽省博物館藏宋匜之意，獸面鋬的整體略方，四面邊線呈凸凹的變化，獸面的眉線接直鼻樑，近似於方形的眼

拓片〔26〕明　玉仿石獸面紋拓局部圖案

註10 黃宣佩主編：《上海出土唐、宋、元、明、清玉器》，上海人民出版社，2001年10月。

框，眼框內微凸。合巹杯呈雙筒相並式，外表凸雕螭紋，正面中部飾仿戰國小獸面，獸面平眉、方眼、直鼻樑，眉、眼、鼻凸起，獸面形飾件與河北易縣燕下都遺址出土獸面紋銅鋪首外形近似，片狀，嘴部呈樺狀下凸，端部擴開。明代獸面劍飾的確定較具模糊性，與宋元作品不易區別，據上海西林塔出土玉玼而言，人們多將紋飾粗重，不甚規整，濃眉小目的獸面紋劍飾歸入明代作品。

四、清宮舊藏明夔龍紋仿古玉器

夔是古代傳說中的動物，《說文》釋夔「神魖也，如龍，一足。」商周玉器中多有一足獸身的獨角獸，應為夔，漢時夔形演變為螭頭，蛇身，一足。宋、元、明、清時期，夔龍為器物上的重要裝飾紋樣。清宮遺存玉器中，有大量夔紋作品，分屬宋、元、明、清不同時期製造。目前考古發掘中很少見到明代夔龍紋作品，研究明代夔紋尚無考古材料為依，主要靠同宋、清作品比較來進行。安徽宋晞顏墓出土有宋代玉卣，頸兩側飾有鏤雕的小夔龍，頸中部飾有相對的夔龍紋，這件玉卣上的兩類仿古夔紋具有較明顯的特徵。第一，頭型簡單化，似獸頭嘴而微張，上唇長且端部較中部厚。第二，身似折帶狀或折框狀，較平，其上無裝飾。通過這件作品可以確定部分宋代夔紋的特點。

清代宮廷器物上有大量的仿古夔龍紋，夔龍的造型有較明顯的特徵：頭型主要有三型，一型為仿戰國龍形佩之龍首，略有變化。戰國時期，流行一種體呈「弓」字型的龍形玉佩，或稱「S」龍，片狀，龍首方正，上唇上捲，邊緣方折。這一龍型對清代宮廷夔龍圖案產生了影響，宮廷器物裝飾圖案中，很多夔龍的頭型是由此演化而來。第二種頭型則為較複雜的雲片狀，似獸頭而又有凸起。第三種頭型則為簡化了的龍首。夔龍之身也分為三型，一型多為折框狀，稱為「拐子龍」，身側多有旁出的肢體；第二種身型為蛇身，或盤或折，多有變化；第三種身型近似於長形獸身。作為裝飾紋樣的夔龍，多呈片狀，邊緣之內再飾一道邊線，夔龍身上有較多的裝飾紋樣，裝飾紋樣呈凸凹變化狀。還有少量的夔龍以凸線組成。

清宮藏玉中，有一批玉器中所飾的夔紋與清代宮廷玉器上的夔紋不同，主要有與獸面紋相組合的夔龍紋，裝飾於器身的主體夔龍紋圖案，器物兩側的

小夔龍紋裝飾，夔龍紋玉佩，杯、執壺所附夔耳、夔柄等。這些夔龍紋極具特色，用宋、元風格的夔龍及清代宮廷風格的夔龍圖案與之比較，這些作品則更接近於宋、元風格，夔龍之頭簡練而近於獸頭模樣，龍身不著雙層邊線，外接的枝戟較少，或飾以陰線紋，無凸凹明顯的裝飾紋樣等。依照明代仿古玉與宋、元仿古玉的傳承關係，不宜把這類作品歸為清代民間作品，而應歸入明代作品，其中有與宋、元作品風格極其一致的，應在證據充分的條件下歸入宋、元玉器。

這類明代夔龍紋玉器情況如下：

與獸面紋相組合的夔龍紋多見於玉爐及仿古尊、觚、卣。這些器物的腹部往往飾饕餮紋，饕餮紋的上方、接近器物的頸部有時會有相對的夔龍紋裝飾，這類小夔龍紋可分為陰線刻出與淺浮雕兩型，又可分為兩式：一式夔龍之身近似於獸，有誇張變化；二式夔龍之身近似於折框拐子，與獸面紋組合運用的夔龍紋一般較團緊。

裝飾於器身的主體夔龍紋圖案，見於玉樽、玉卣及仿古器物以外的用端等陳設器物。故宮博物院藏有多件夔龍紋玉樽，除一件漢代作品外多為宋、明之物。漢代作品的主體紋飾為穀紋、夔紋構成邊框，明代作品則以夔紋為主體紋樣，夔身略寬，較長，頭為獸頭形，似鹿無角或有角，張口，唇部上、下翻捲，前身似獸，有足爪，後身呈折框狀。夔紋卣於卣的腹部及頸部飾相對夔，兩組夔紋皆為側面形，獸形頭，張嘴，環眼，無角，腹部夔紋較人，呈等寬的折框式，卣頸部的夔紋則前半身似獸，曲頸，有足、爪。明代獸形用端之身所飾夔紋亦為長身，頭部近似正面形，有上、下排列的圓形雙眼。

裝飾於器物兩側的小夔龍紋，〔拓片27〕宋代朱晞顏墓出土玉卣上已經出現，明代的小夔龍裝飾是宋代風格的繼續。明代所飾多為鏤雕，大致有三類：一類頭部較大而結構簡練，身呈獸身，細長帶狀，有足；另一類頭部不明顯，僅見帶狀夔身；第三類變形似卷草。帶有這幾類裝飾的明代玉器主要為方形鼎爐、方觚、小卣、仿古尊。

定陵出土壽字執壺一件，其柄為「S」形，光素夔式[註11]。這一式樣的壺柄在清代有年款的執壺中未曾出現，因此這一式樣壺柄為明代特有。清宮遺玉

註11 《定陵》圖版96，文物出版社，1890年5月。

拓片〔27〕明　玉雲螭龍首杯拓片

（杯口飾夔龍紋）

中有多件此種樣式的帶柄執壺，其紋飾造型皆明代風格，一些作品柄上刻有紋樣，上端形式近似夔頭，但不明顯，這一樣式是夔龍紋的簡化。

五、出戟、蟬紋、回紋在仿古玉器上的運用

〔一〕戟紋

器物表面或邊側凸起的方形齒凸，排成列，稱為出戟。它是古代器物上的一種裝飾方法，商代青銅器上已有線戟裝飾，在瓷器、銅器上製造戟線即有一定難度，玉器上的出戟製造更為複雜，需使用大材料，將柱戟周圍剔除才能留出戟線。

個別商代玉簋上已有凸起的戟線，此後很長時期內不見有戟線作品，其後出現的玉器上較早時期的戟線裝飾作品為宋代作品，宋代朱晞顏墓出土的玉卣，前後兩面的中部各有兩個上下排列的方戟，作品有仿古銅器意味，說明玉器上的出戟是在仿古玉出現的基礎上產生的。

明、清兩代仿古玉器中的出戟運用更為普遍。清宮舊藏玉器中出戟情況大致可分為兩類：第一類為清代作品，戟柱細密而規矩，且有較多的變化，如出現釘狀戟柱，戟柱的表面似釘帽，戟面上的陰線線條間距均勻，

深淺一致，轉折處相接較好；第二類
作品上的戟柱以長方形為主，其間以
砣縫為界，界縫的寬窄、戟柱的規整
程度較前一類明顯不足，戟面上飾簡
練的陰線圖案，但線條不甚均勻，多
呈兩端淺、中部深，側視為弧狀，線
條轉折處往往不搭接。這一風格的戟
紋裝飾與上述朱晞顏墓出土玉卣出戟
裝飾類似，研究者把它列為明代玉器
的裝飾風格。帶有第二類出戟裝飾的
明代仿古玉器，主要有仿古彝、爐、
仿古壺、瓶、仿古觚、尊及個別的執
壺杯壺。〔圖109〕

〔二〕蟬紋

　　新石器時代已有了較多的以蟬為
題材的藝術品，商代銅器、玉器上出
現了排列性的蟬形裝飾。由於考古發
掘材料的限制，我們只瞭解到宋代銅
器中存在著蟬紋圖案，對宋代玉器中
的蟬紋裝飾尚無準確的把握。

　　已確定的明代仿古玉器中，有部
分作品帶有蟬紋。這些玉器上的蟬紋
一般由身與首兩部分組成，身與首的
組合方式有三種：有明顯的蟬首；蟬
首表現不明顯，為相並列的兩個方形
眼目；無蟬首，僅有兩個蟬翼組成雛
形。同清代玉器蟬紋相比，明代玉器
上的蟬翼較短，翼上的裝飾紋不如清
代的細密。

〔圖109〕明　青玉仿古銅紋出戟花觚

明代玉器上蟬翼裝飾細紋有兩種：一種為排列有序的折線紋，層層排列，佈滿翼面；一種似樹葉枝杈，分佈於翼面，一般都為陰線，線條較寬。個別明代玉器上，蟬紋有較大的變化，其形似長葉，稱為蕉葉紋，清宮舊藏的青玉獸面紋壽字執壺，壺蓋側面一周的蕉葉紋上帶有陰線琢出的「壽」字，也是仿古蟬紋演變而來。飾有蟬紋的仿古玉器主要為玉觚及玉壺，兩種器物都比較高，腹部主體飾獸面紋，蟬紋飾於口沿或足部，與獸面紋呼應。

〔三〕雷紋、回紋

古銅器上近似「回」字形四方連續排列的方形錦紋稱為雲雷紋；明代玉器上往往出現單排的、二方連續排列的「回」字形紋，研究者稱其為「回」紋。宋代朱晞顏墓出土玉卣上兩面帶有自上而下的縱排小戟，戟上亦有近似於「回」字的折線飾紋，由於玉卣較小，其上「回」形圖案也較小。但有一些專業人員據此認為較細小的單排回紋為宋代紋飾，而明代的回紋則較粗大。

明代玉器上除回紋外，還有其他類型的折線邊帶紋，如陰線勾出的「山」形紋、斜線排成的三角形紋等，這些紋飾一般具有線條略粗，端部淺而呈尖狀，直線轉折處不銜接的特點。一些明代作品上還出現了回紋錦地，在獸面紋或夔紋的周圍飾以四方連續排列的回紋圖案。〔拓片28〕

六、明代的臥蠶紋、穀紋、勾雲紋、乳丁紋玉器

元人朱德潤所著《古玉圖》中將橢圓形一側斷開的裝飾紋樣稱為「蠶文」，《古玉圖譜》則分別稱這種紋樣及帶有螺旋的穀紋為「臥蠶紋」[註12]，明代文獻中也多次提到臥蠶紋玉器，但很難見到標有「臥蠶」字樣的玉器繪圖。明人羅貫中編《三國演義》第一回述關羽「丹鳳眼，臥蠶眉」，可知明代人以長弧形、兩端下彎的眉狀為臥蠶紋。對於玉器上的這一紋樣，今人稱為勾雲紋。

勾雲紋是戰國時期開始流行的器物紋樣，玉器上有較多的運用。宋、元、明、清仿古玉器中出現了仿戰國、漢代的勾雲紋玉器。四川蓬安出土的宋代玉

註12 轉引自《說玉》，上海科技教育出版社，1993年5月。

璧，一面飾凸起的勾雲紋，安徽朱晞顏墓出土玉劍飾上亦飾勾雲紋。兩件作品上的勾雲紋具有凸線明確，紋理清晰，表面圓潤的特點。

明清兩代的仿古勾雲紋作品多見於小件玉飾、仿古玉劍飾。《故宮博物院藏文物珍品全集》卷四十一，列明代角形玉杯一件，圖184杯表面飾仿古勾雲紋。圖200、201列合卺杯兩件，外表亦飾仿古勾雲紋，三件作品上的勾雲紋皆凸起較淺，角形杯上的紋飾更顯圓潤。

有關穀紋玉器的記載，最初見於《周禮·大宗伯》「子執穀璧，男執蒲璧」，但何為穀璧，何為蒲璧，後人並不十分清楚。宋人聶崇義編《重集三禮圖》[註13]，將穀璧繪為璧上帶有一株秧苗，表明穀璧之穀應為器物上似秧的裝飾紋樣。《古玉圖譜》將螺旋形顆粒亦稱為臥蠶紋，但大多數學者認為這類紋飾應稱為穀紋[註14]，並認為戰國玉器上的小乳丁紋亦為穀紋，這類紋飾的最初使用見於戰國玉器。其後的漢、魏玉器及明、清仿古玉中也多有出現，目前已確定的多件明代仿古玉樽，腹部皆飾以夔紋，夔身外的空白處則以穀紋為地，這些作

拓片〔28〕明　玉雲螭紋杯

註13 宋聶崇義：《三禮圖集注》。

註14 轉引自《說玉》，上海科技教育出版社，1993年5月。

品上的穀紋凸起較淺，有些近似於陰線的螺旋。

人們又把大粒穀紋稱為乳丁紋，這類紋飾最初見於漢代玉璧。宋人張世南《宦遊紀聞》談到仿古銅器時提到「百乳」，應指凸起較高的長形乳丁，但宋代乳丁紋玉器的實物尚不能確定。明代定陵及江西益王墓中發現了乳丁紋玉圭，表明明代乳丁紋在玉器中的使用非常廣泛。考古發現的明代乳丁紋玉圭上的乳丁都比較大，用管形鑽鑽出，邊壁的下端較平直，乳丁的底部往往帶有管鑽留下的圓形鑽痕。

清宮藏玉中有一部分玉璧，直徑較小、較厚，帶有上述的乳丁紋特徵，這類玉璧被確定為明代作品，作品的另一面往往為雙螭或其他圖案。另外，清宮藏玉中還有多件明代乳丁紋玉杯、乳丁紋玉簋、乳丁紋玉方鼎。

七、清宮舊藏明代仿古玉鼎彝

清宮舊藏玉器中有較多的仿古玉鼎彝，大致可分為清代作品及清代之前的作品，兩部分作品間有較明顯的區別，依據前述紋飾特點，可確定一批作品為明代所製。主要類別及代表作品如下：

1.仿古玉簋，或稱為簋式爐。一般為圓形束頸，凸腹，圈足。個別作品足下帶有方座。兩側有夔式耳或獸吞式耳，腹部主體圖案分別有乳丁紋、條紋、獸面紋等。厚胎，無蓋，口沿處不琢製與蓋咬合的子母口。樣式可分為三式：

Ⅰ式，撇口，束頸，凸腹，兩側獸吞式耳，頸部飾有小獸面紋或帶小戟紋，代表作品為青玉獸面簋式爐。

Ⅱ式，圓形，凸腹，口略直，頸部圖案不明顯。代表作品為青玉獸面紋爐。

Ⅲ式，圓形，口直而呈折沿狀，頸部深束如溝，凸腹，縱面呈「亞」字型，兩側夔耳。代表作品為青玉獸面紋夔耳爐。

2.仿古玉鼎，或稱鼎式爐，有圓形、方形兩種。圓形可分為三式：

I式，圓形直壁，口沿之上有雙耳，底部呈下凸的三袋狀，其下三足。代表作為青玉獸面紋鼎式爐。

　　II式，圓形，直壁，口沿上有雙耳，底微下凸，其下三柱式足。

　　III式，圓形，凸腹，兩側有耳，平底，底下三足，形在簋與鼎之間。代表作品為白玉夔耳乳丁紋爐。

　　方形可分為二式：

　　I式，長方形，直壁，口沿之上有雙耳，底部四角之下有四足，代表作品為青玉乳丁紋方爐。

　　II式，長方形，斜壁，口沿較底部略寬，有雙耳，器底四足，代表作品為青玉獸面紋爐。

　　3.仿古玉方彝。多為長方形，撇口，頸部較高，飾小獸面及夔紋組成的圖案，腹部飾饕餮紋，方形圈足，兩側獸吞式耳。代表作品為青玉雙獸耳彝式爐。

　　4.仿古玉壺。壺為古代容器，可以貯酒、存水，自商至漢，流行時間很長。明代仿古壺多為扁壺，凸腹，長頸，圈足，腹部與頸部分飾兩區主體紋飾。代表作品為青玉仿古獸面紋壺，高15.3公分，長7.3公分，寬4.5公分，腹部飾獸面紋，頸部飾變形蟬紋，頸兩側各有一獸面。

　　5.仿古玉匜。可分為方形及橢圓形二式。方匜主體為長方形，一側有柄，一側為流，代表作品青工獸面紋山戟匜高5.1公分，口徑9.8×5.3公分，口下飾夔紋，腹飾獸面紋，獸吞式柄。

　　6.仿古玉兕觥。觥為古代酒器，明代的仿古玉觥一般用作酒杯，代表作品青玉獸面紋觥[註15]。其腹部為長方形，飾獸面紋，一側有夔式杯，蓋似臥獸，前部為獸頭形。

　　7.仿古玉觚。明代繪畫、器物圖案中多見桌、案之上陳設有觚，觚口中往往插有物品，可知在明代觚是重要的陳設品，同時實用性也很強。清宮舊藏的明代玉觚較多，大小不一，多為獸面、蟬紋裝飾。作品可分為方口、橢圓口等式，以方口玉觚為多，代表作品青玉獸面紋出戟方觚[註16]，高22.6公分，口

註15 《古玉精萃》100，上海人民美術出版社，1987年。

註16 《古玉精萃》圖102。

徑8.1×5.5公分，青玉，敞口，分為上、中、下三節，上、下兩節飾變形蟬紋，中部飾獸面紋，四面中部飾自上而下的脊線，四角飾自上而下的鏤雕捲紋。

8.仿古玉卣。卣是古代盛酒的容器，闊腹瘦頸，或有提梁，主要流行於商、西周時期。田野考古中已發現了宋、元時期的仿古玉卣。明代仿古玉卣可分為三式：

Ⅰ式，略細，足較高，圓形口，代表作品青玉獸面夔紋卣，高10.9公分，腹寬4公分，口沿及足外飾陰線折線紋，卣身飾上、中、下三組圖案，分別為夔、獸、獸面紋。

Ⅱ式，略寬，橢圓形口，矮足，代表作品白玉獸面紋卣，高12.2公分，寬7.6公分，厚5公分，作品口沿及足外皆飾夔紋，頸部飾兩組相對夔龍，腹部飾饕餮紋。

Ⅲ式，卣兩側帶有裝飾，代表作品白玉貫耳夔紋卣，失蓋，高10.6公分，寬5.5公分，厚3.5公分，作品兩側為貫耳，卣身自上而下排列五組圖案，分別為織錦紋、夔紋、渦紋、夔鳳紋、蟬紋，腹部的主體圖案為相對夔鳳。

9.仿古角形玉杯。目前發現的最早的角形玉杯為漢代作品，出土於廣州地區漢代南越王墓，墓主為漢初人，推算在戰國時期已出現角形玉杯。明代角形玉杯可分為兩式：

Ⅰ式，細而高，以故宮博物院藏獸吞式玉角杯[註17]為代表，作品高20.8公分，口徑6.5×4公分，下部為仰式龍頭，張口，口中插入角式杯身，杯身外飾仿古雲紋，龍尾呈夔式，飾繩紋，捲為杯柄。

Ⅱ式，較矮，代表作品為白玉蟠螭角杯。高9.5公分，長6公分，寬3.9公分，角形，其外凸雕螭紋，捲繩紋夔式杯柄。

10.仿古玉樽。漢代酒器中多有樽，或銅，或漆，或玉，應以玉樽最為珍貴。目前，除北京師範大學工地出土的明代仿古玉樽外，故宮藏玉中尚有多件仿古玉樽，這些作品的整體呈筒狀，其下三足，樽側環形扳，圓帽式蓋，蓋面隆起，其上三鈕，紋飾可分為陰線及凸雕兩種。陰線圖案代表作品玉三足環把樣樽[註18]高11.2公分，表面紋樣凸起極淺，為相背雙夔龍，空白處為穀紋，腹下

註17《故宮博物院藏文物珍品全集》四十一冊圖184。

註18《故宮博物院藏文物珍品全集》四十一冊圖185。

方近足處有三個小獸面，獸面間有陰線網格紋及勾雲紋，由於圖案起凸極薄，紋飾近似於陰線勾畫。凸雕圖案代表作品玉穀紋樽高10.5公分，蓋面中部凸起渦紋紐，其旁三獸鈕，樽腹飾夔紋及穀紋，紋飾凸起較高，三獸面足，獸面凸起較高，上半部接於樽腹下部，下半部向下探出。

11.**仿古合巹玉杯**。合巹杯為雙筒相連並，連並處飾有鳥獸裝飾。此種酒杯產生於何時目前尚不能確定，早期作品接近於宋代風格，清代宮廷有玉製仿古作品，飾穀紋及勾雲紋，有「大清乾隆仿古」款。若作品確為仿古，則此類酒杯產生的年代要更早。清宮舊藏明代合巹玉杯有明代時作及仿古二種，時作為「子剛」款合巹杯，雙筒式，以玉製繩結相捆，繩結中部有「萬壽」二字，杯筒口沿處分別有「子剛製」、「合巹杯」字樣，筒外有篆書詩文。杯筒之下有獸首足，獸首上部陰線刻於杯身下部，獸首下部呈片狀，出於杯底，為仿古獸面。仿古合巹杯的代表作品為白玉獸面合巹杯，高7.6公分，長6.1公分，寬2.5公分，雙筒相並式，兩面兩筒間以仿古獸面相連，筒外雕蟠螭紋及夔紋。

12.**局部仿古作品**。即作品的局部採取仿古紋飾或造型，整體上則為仿古風格與流行風格並存。作品可分為仿古作品加流行紋樣，流行作品加帶仿古紋樣兩種。前一種代表作品為白玉獸面雙螭紋壺，高13.8公分，長7公分，寬4公分，壺凸腹瘦頸，腹飾獸面紋，頸兩側有獸面銜環耳，壺頸上部出戟飾蟬紋，下部飾流雲及兩個蝙蝠。後一種代表作品為青玉獸面紋壽字執壺，執壺高28.1公分，長21公分，寬6.5公分，執壺身下中部為仿古簋式，兩面飾饕餮紋，兩側鏤雕夔式耳，壺底六小獸面式足，上半部為時樣執壺式，雕三層蕉葉紋，分別飾「卍」、「喜」、「壽」字並荷花，蓋頂獸形鈕，蓋面蕉葉紋，內亦有「壽」字。

〔圖110〕明　雲紋玉劍首

八、仿古玉劍飾、螭玦

　　玉劍飾起源於西周，《詩經》有「琫珌容刀」之句，琫、珌為鞘上的裝飾用玉。戰國時期，玉劍飾發達起來，到漢代，玉劍飾的使用達到了高峰，漢代文獻中多有使用「玉具劍」的記載，名稱不甚統一。對同一名稱，今人也有不同的解釋。從器物來看，漢代劍上的用玉主要有四種：劍柄嵌玉、劍格嵌玉、劍鞘上部嵌玉、劍鞘下部嵌玉。目前已發現的漢代玉劍飾有多種形狀，圖案的種類較多，最常見的為螭紋、勾雲紋作品。〔圖110〕

　　從宋代文獻中可以看出，宋人對古玉劍飾非常重視，《武林舊事》卷九記：「進奉……古玉劍璏十七件」[註19]，而宋、元時期的集古圖錄中，亦有玉劍飾的收錄。《博古圖》、《古玉圖》等圖錄中所收錄的玉劍珌，為片狀，梯形，中部外凸，兩腰呈直線狀，與漢代以前的作品形狀有異，應是當朝的仿古作品。安徽省博物館藏有南宋朱晞顏墓出土的玉劍飾，其形似劍珌，梯形，兩側直，有一定的厚度，外飾勾雲紋，作品與宋、元圖錄所繪劍飾樣式相同，應

註19 宋周密：《武林舊事》，古典文學出版社，1957年。

是宋人製造的仿古玉劍飾。

　　明代遺址的考古發現中，含有部分玉劍飾，上海西林塔為明時所建，塔內藏玉中有玉劍珌一件，與安徽宋代朱晞顏墓出土作品特點相近，屬同一風格的作品。北京地區明代墓葬的考古發掘中，也有仿古玉劍飾出現。這些情況表明，明代玉器製造與使用中，延續了宋人偏愛玉劍飾的傳統，仿古玉劍飾在明代玉劍飾中佔有一定的位置。

　　考古發現的明代玉劍飾數量較少，不能提供對明代玉劍飾的完整認識，一些文物工作者依據對明清玉器的分析、對比將部分傳世玉劍飾確定為明代作品，其中包括有下列情況：

〔一〕玉劍首

　　是嵌於劍柄端部的玉件，漢代以前的作品中以薄方形與圓片狀作品最為常見，其上的紋飾有渦紋、穀紋、勾雲紋及獸面紋等不同的組合。清宮遺玉與傳世玉器中有一批玉劍首，形體較大，其上所飾穀紋或勾雲紋也較漢代以前的作品紋飾粗大，製造年代早不過宋代，是宋以後的仿古作品。這類作品又較清代作品玉色蒼舊，其中又有瓷性青白玉，玉中雜有墨色斑塊，屬明代玉器中常見玉料，因而將這類玉劍首的年代暫定為明代。

〔二〕劍格

　　為劍柄及劍鋒間的護手，古時有專用名稱，但不統一，或謂之「珥」，或謂之「鐔」，或謂之「劍鼻」，皆指「人握處之下也」。漢代以前出現過厚而小的橢圓形、菱形等玉作品，以勾雲紋、獸面紋、螭紋為常見。宋以後出現了這類作品的仿古作品，其中的一些作品同漢代以前的作品有很大的變化，例如元、明玉器中，有一類橢圓形玉片，似璧而小，中心孔為條形，兩面飾紋，有學者認為此類作品為璧之變異，在清宮遺存兵器中，有以此類玉板為劍柄與劍鋒間阻隔者，若將此類用法推溯到明代或更早，則宋、元、明時期橢圓形片狀劍格也有存在的可能。

　　類似的作品，上海松江區西林塔地宮內發現有多件，其中一件高5.2公分，寬6.5公分，近似長方形，四角略圓，中部有長方形孔，青玉，表面有黑色墨

斑,為元、明時期常見的用玉,一面凸雕大、小二螭,螭頭寬而前部圓,造型接近於明代螭紋風格。另一件為橢圓形,又有橢圓形孔,一面琢蒲紋,花紋粗糙不規整,蒲紋的編織,無論經緯皆粗細隨意,縱貫不直,有學者認為作品為南宋玉環,但此等工藝的作品更似明早期所製。

傳世玉器中有一類獸面紋劍格,獸面風格似漢代獸面圖案,但粗、大、簡練、琢工不精,為宋代及其後的仿古作品。就宋代玉器及清代玉器的精細而論,一些學者把這類劍格也歸為明代作品。

〔三〕玉劍璏

《漢書‧王莽傳》有「碎玉劍璏」之句,《漢書‧匈奴傳》中「賜匈奴玉具劍」注有「標、首、鐔、衛用玉」之句。衛與璏同,嵌於劍之何處,古文獻所言並不統一,宋、元以來的集古圖錄中,將劍鞘側面嵌玉多釋為璏,此說多為學者贊同。但吳大澂《古玉圖考》[註20]將劍鞘側面飾玉稱為「璏」,又稱為「招文帶」。此種名稱在明、清時廣為應用,又因「璏」與「歲」音同,這類玉器便被人們作為禮物廣為贈送、廣為佩帶,並促進了仿製作品的大量出現。

上海市松江區西林塔出土有螭紋劍璏,長6.2公分,寬2.7公分,所飾之螭寬頭圓頜,腦後有飄髮,玉材略呈灰白色,透明度差,所飾螭的形狀應屬元代到明早期圖案風格,整個作品的工藝水準較差。

傳世仿古玉劍璏中有部分螭紋、勾雲紋、穀紋、獸面紋作品,較之清代作品圖案古樸,且用玉厚重,人們判斷作品的製造時間早於清代,又無將其製造年代歸於宋、元時期的充足依據,一般的習慣,將其列為明代作品。這類作品中的螭紋,身體表面略平,尤其頭部多呈正面或背面形,螭身粗壯少紋,勾雲紋則為陰線刻,單元組合較大,多以粗陰線勾出。穀紋亦較大,且表面較平。

〔四〕珌

珌是劍鞘下端的玉飾,有的略高,似梯形,有些作品略矮,與劍格相似,呈橢圓形,片狀。上海西林塔出土有玉劍珌,梯形,兩側較直,較漢代以前的作品略厚。元人朱德潤《古玉圖》所繪玉珌為梯形,兩側邊線為直線,與戰

國、漢代玉珌兩邊側邊線內凹不同，兩側為直線邊的玉珌為宋、明玉珌風格，也是這一時期的仿古作品。

　　漢代流行佩玉韘，明、清時期稱這種玉韘為「螭玦」，明人高廉《遵生八箋》稱「近日吳中工巧模擬漢宋螭玦、鉤環……」。說明明代蘇州一帶曾製造仿古螭玦，也就是今人所說的韘形佩、雞心佩。北京小西天清代黑舍里氏墓出土有雞心佩二件，一為白玉、一為綠玉，樣式、工藝同後來清宮作品相同，相比較，可以確定清宮遺存的一些仿古雞心佩為康熙前的作品或明代作品〔見拓片21〕。這類作品一般圖案簡練，表面有較強的光澤。

明代玉器上的文字與圖案

一、玉器上的文字

　　良渚文化遺址出土的玉器上，已經出現了手工刻寫的符號，商代玉器上的刻字，見於故宮博物院藏商代「木侯」玉龜、「牧侯」玉鳥，此後的歷代玉器上，琢刻的文字並不多，其原因多種，玉硬而刻字困難是其一。

　　唐以後，刻字玉冊出現頗多，台北故宮博物院藏有唐玄宗禪地玉冊、宋真宗禪地玉冊，考古發掘的唐五代哀冊有多套，其中以四川成都後蜀王建墓哀冊刻字最多。這些玉冊刻字應是明代玉器刻字的先導。宋代還出現了用金剛石刻細線文字的玉器。

　　明早期的玉器刻字不多見，這一時期，將書法納入工藝品圖案之風不甚流行，銅器、石硯有銘之外，漆、玉之器僅見刻款，且刻款之字，僅求記事，不追書法。能夠確定的明代早期的玉器刻字，僅為玉器上的「大明宣德年制」、「御用監造」等款識〔此之前北京房山金墓出土有崇寧通寶玉錢〕，字體為陰線，用砣具琢於器物之上。

　　清宮遺存玉器中帶有書法文字的玉器分屬不同的時代，其中較明確的清代刻字作品如下：

〔一〕清代早期玉器上的文字

　　1.淺陰線楷書作品，主要見於玉冊，如：努爾哈赤玉冊、順治上其祖母的諡冊，為淺陰線楷書文字填金。

　　2.凸線篆書文字，見「康熙年製」松花石硯所附白玉硯盒，盒面凸雕篆書詩句「溫而潤，靜而潔，不反不側，以宜翰墨」。筆道凸起細而如絲，均勻且截面滾圓。

　　3.粗陰線篆書，主要見於款識的琢製，上一件硯盒琢有「子昂」款，又見多件玉器上「雍正年製」款識的製，所琢陰線粗細、深度均勻，轉折處分為直接轉筆與線條對接二種。直接轉筆處線條周正、俐落，略有弧度，線條對接處或留距離。

〔二〕清中期玉器上的文字

主要見於乾隆、嘉慶時期玉器上飾有的文字，又以詩句為最多。字體有楷書、行書、篆書、隸書等，以淺刻為最多，時有描金。又有凸起的陽文，如《故宮博物院藏文物珍品全集》四十二冊所錄乾隆題詩玉韘，玉十二月組佩等皆飾凸起的文字。

〔三〕清晚期玉器上的文字

清晚期玉器上的文字，主要見於玉製鎖佩、牌、墜之上，常見的有三類：一為凸起的陽文詩句，主要見於玉牌子，這類作品一般用玉較好，大而厚，邊角圓潤，圖案簡練，所琢文字線條流暢而滑軟；二為陰線字體，多為吉祥用語；三為大字，或陰文如「大吉」、「喜」字等。

在宮遺飾有文字的玉器中，依玉器特點及玉器上的文字特點，篩選出明代之前及清代的帶有文字的玉器。所餘者主體為明代作品，其中的一些作品的特徵，與明代其他工藝品或考古發掘到的玉器的某些特點是相同的。

可以確定的帶有文字的明代玉器主要有下列幾類：

1.帶有製造年款的玉器。 目前能夠見到的帶有製造年款的明代玉器不多，其中一些作品的年款又被人懷疑。宮遺玉器中有一件「宣和年製」款玉杯，略高，扁而寬，杯上部飾細密的方格紋，中部為獸面紋，下部一周蟬紋，一側有夔式柄，青白玉，作品的一般性判斷為明代，但杯上的獸面紋、蟬紋、夔紋較一般的明代仿古作品更加老道，製造年代似早。款識為篆書，較深的陰刻線，字體工整而穩重，非清代風格，不會晚於明代，因目前宋代玉器中仿古器及刻款器物很少，對此件作品不宜早下結論。

略多一些的明代帶有製造年款的玉器是「宣德」款玉器，「大明宣德年製，御用監造」款鵠鵝紋玉飾，款識為較深的楷書陰線紋，不甚工整，款識的形式在宣德款掐絲琺瑯器中亦見，對作品及款識的年代，多數人無異議。另外，筆者於20世紀80年代初，於天津文管會見到一件白玉宣德款帶鉤，明代玉器風格，圖案圓潤，玉質又佳，圖案中留有白地，著「大明宣德年製」款，作品及款應為明代所製。此外，傳世玉器中還有一些「宣德」、「嘉靖」款作品，款識的真偽尚需認真研究。

2.帶有大「壽」字的玉器。「壽」字圖案在明嘉靖年的工藝品中開始較

多的出現，其後又有延續，帶有「壽」字的明代玉器種類、數量都比較多，從加工方法上可以看到三種：

A.陰線圈邊的壽字，這在北京定陵出土的「壽」字執壺上已有所見，一些明代器皿的頸部飾有凸起的戟片，其上或有陽線或凸起的壽字；

B.淺浮雕「壽」字，見於器皿之上，或為凸起的字，或為開光中，「壽」字周圍剔地，字在局部似凸出；

C.透雕「壽」字，已見的有鏤雕於玉杯杯柄及透雕玉片、玉屏之上的「壽」字，字本身透雕，其旁又多有透雕圖案。「壽」字的字體主要為楷書、篆書、團「壽」字三種，其他類工藝品中還有行草字體。楷書「壽」字在作品中佔的比例比較大，清早期的個別玉件上尚能見到。「壽」字之外，或有一圈圓形開光。

篆書「壽」是最具變化的，作為一種裝飾藝術而受人喜愛。康熙時宮廷製造的青花萬「壽」寶瓶，外表飾有一萬個「壽」字，是紅極一時的作品，但在明代，篆「壽」字還較為簡練，所見寫法亦較少。團形「壽」字，外形呈圓球狀，其外就不需要圓球開光了。

團壽字的流行主要在清代，但明代已有作品，宮遺玉器中有小件的白玉龍捧壽字插屏，是在錦紋底子上琢雙龍捧壽圖案，團形「壽」字於作品的中部上方，從龍的形狀、錦紋底子的使用都可以確定作品為明代製造，其字兩側有較強的對稱性，上、下的方向性也較強。確認了明代團壽字的特點，便可確認一批明代製造的團「壽」字圖案作品。

3.陽文詩句裝飾。帶有陽文詩句的玉器主要為傳世品，又有明代與清代製品的不同，清代作品多見於清中、晚期，以小件玉佩飾為多，被認為是明代的陽文詩句作品是需要進行證明及確認的。宮遺玉器中主要有三類，第一類為器皿，第二類為文具，第三類為佩件。

器皿類見於執壺及杯，執壺多有人物圖案，詩句有篆書及行草兩種。宮遺玉器中多有八仙紋執壺、大「壽」字紋執壺，壺往往有詩句，這類執壺的造型，尤其是雕有「壽」字的，同定陵出土執壺的風格一致，都是明代製造應是無疑的。

文具類多見於印色盒，筆插、臂閣之上往往也有，字體多為行草。

玉佩類主要見於玉牌子，體積小而薄，這類行草詩句風格較為一致，一

般來看凸起很薄，一些字句的琢製似把邊緣進行平面斜削，字體的凸起很不明顯，字的表面很平，邊線較方、直，轉折處似有尖出。傳世作品中有白玉「子剛」款刻詩髮簪，簪呈短柱狀，一端尖，另一端為蘑菇式頭，其外有陽文篆書詩句，作品造型與上海地區出土明代玉簪相同，製造時代、文字皆應為明代。

4.**陰線文字詩句裝飾**。明代玉器上的陰線文字詩句主要為篆書、隸書，個別的為楷書作品，就器物而言，又主要見於玉杯、玉臂閣。玉器上的陰線文字，上海松江西林塔出土有「佛」字牌、梵文碑[註1]，陸氏墓出土有四面及八面剛卯，字體有楷有篆，筆道粗而深，直線為主，兩端尖，轉折多以直線對接，這些特點也是確定明代琢字的重要依據。目前發現的宮遺明代陰線琢詩句作品主要有下列代表作品：

A.「子剛」款桃式玉杯，杯上有陰線琢書詩句及「子剛」款；

B.陰線詩句臂閣，作品多扁平型，兩側下捲，一面為淺浮雕的圖案，一面為陰線詩句，字體以篆書、隸書兩體為多，字不工整，線條直且深，落款又有「子剛」、「子昂」等。這一類作品的圖案，詩句字體及刻法皆與清乾隆時淺刻文字作品不同，屬乾隆之前的風格，其中一些作品應為明代製造；

C.琴式盒，明代後期撫琴之風盛行，工藝品中大量出現攜琴訪友、撫琴圖等圖案，琴式盒、琴式墨等琴式作品也出現了很多，直至清康熙時尚有影響。宮遺玉器中有數件琴式作品，有琢陰文「大雅」盒，有「子剛」款，用玉亦為明代晚期的暗色玉，應為明代作品。

又有「一團和氣」玉擺件，作品較小，白玉，圓形，一面淺浮雕「一團和氣」圖案，一面用陰線琢「一團和氣」圖，為一弓身鞠腰老人，中腰處有「一團和氣」四字，造型仿朱瞻基「一團和氣」圖，此為宮遺作品，不應為清人所仿，但字體為淺線楷書，描金，也不是明代風格，確切的製造年代尚需研究。

二、明代的龍紋玉器

明代玉器中的龍紋裝飾往往與皇室用玉有關，因而也貫穿於明代玉器的始末。後蜀王建墓出土的玉帶上飾有龍紋，已發現的唐代玉璧上也飾有龍

註1 上海博物館：《中國隋唐至清代玉器學術研討會論文集》118頁，2002年9月。

拓片〔29〕明　玉雙龍紋佩

拓片〔30〕明　玉鏤雕萬壽飾件

紋，可見唐代及其晚期龍紋的運用已
有一定規模。由於考古發現的宋、元
遺址多為中小墓葬，所以無龍紋玉，
但宋、元銅器及傳世玉器上的龍紋表
明了宋、元龍紋在玉器上使用的廣泛
性及龍紋的特點，也使我們認識到
明代玉器中的龍紋使用同宋、元玉器
的龍紋使用存在著繼承關係。〔拓片
29、30〕〔圖111、112〕

　　明洪武朝龍紋玉器的代表作品
應是故宮博物院所藏白玉龍紋團形帶
飾。南京地區明早期大將汪興祖墓出
土了一套金托白玉龍紋帶飾，鏤空，
多層次，飾龍雲紋，其龍上唇細長而
上挑，頗有元代作品風格。作品的製
造年代是一個可以研究的問題，存在
著元代或明初期製造兩種可能性，
但無論如何都表明了洪武時期龍紋玉
帶的使用情況受元代玉紋飾影響的事
實。北京故宮所藏白玉龍紋帶飾，整
體呈環狀，透雕蟠龍。龍足粗壯，頭
呈長方形，濃眉，身飾大鱗紋。背面
一側有一環扣，就其形式而言，應是
與帶鉤相配而成的鉤環。這件作品最
初在《古玉精粹》錄入時定為明初，
後在《故宮博物院藏文物精品全集》
錄入時定為元，在識別上出現了反
復，原因在於作品的造型具有元代風
格，但就作品中龍身短而粗，脊柱排
列密，龍髮分為三綹，一綹後出，另

〔圖111〕黃玉黃浸龍紋穿帶條環佩

〔圖112〕宋或元　白玉鏤空雲龍爐頂

拓片〔31〕明　玉鏤雕龍穿花圖案飾件

兩絡分向頭兩側而言，已同元代作品不同，因洪武朝龍紋同元代的關聯，將作品製造年代定為明洪武年是可行的。

　　永樂龍紋玉器的代表作品為故宮博物院收藏的龍紋帶板。永樂十八年朝廷移都北京，宮殿中描龍雕龍，龍紋隨處可見，其樣式特點也十分明確。另外，現存永樂款漆器中也有「大明永樂年製」款龍紋剔紅盒，龍紋特徵也十分明顯。從這些作品來看，永樂朝龍紋造型：頭部略長，上唇方而有凸起的如意形鼻，髮較元代為短，髮絲或直或呈弧狀、不成波狀，粗身，鱗瓣較大。故宮博物院存明代龍紋帶板中，有一套清代盒裝作品，二十塊一套，尺寸較明晚期作品略小，透雕海水江崖圖案並龍紋，龍紋有明顯的永樂圖案風格。永樂龍紋的風格影響到了宣德及其後，但樣式漸遠漸變，逐漸失去了永樂龍紋的風格。

　　嘉靖、萬曆時期，中國經濟發展較快，藝術品市場擴大，帶有龍紋的藝術品大量出現，且許多作品上都帶有製造年款。瓷器、漆器中有年款作品尤多，以其他藝術品為參照，嘉靖、萬曆的龍紋玉器確定也十分明確。在一般圖案劃分中，對這兩個階段玉器上的龍紋不作明顯區別。一般特點是頭較大，身細長，龍頭交平，用粗陰線相間，以粗陰線刻橫眉紋，眼環及面部近於邊緣的一周凹槽紋，細陰線刻眉、髮及邊緣短陰線，眉呈三峰式。身與四肢一般都呈細長形，飾淺而細密的網格紋以示鱗，肘部又細，足趾呈輪狀。尾細長，端部三分枝，中一股大，兩側各一小杈，中一簇似繩纓，兩側小枝

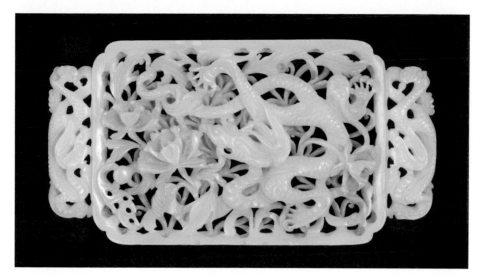

〔圖113〕明白玉鏤雕蟠龍長方嵌件

往往似齒葉。〔拓片31〕

　　明代龍紋的使用中往往出現變化，除了身形粗細，網格形鱗片的淺深疏密，尾葉大小等變化外，還出現有捲鼻龍、螭龍、飛龍、穿花龍等不同龍形。〔圖113〕

　　卷鼻龍在宋、元玉器中已見端倪，《故宮博物院藏文物珍品全集》四十一冊圖130白玉鏤雕捲鼻龍飾件，龍頸與肩的斷續方式，尾形等方面有明顯區別，且都為已證明的明代風格，為明代作品無疑。其中龍之上唇似象鼻，長而前捲，應為明代捲鼻龍圖案玉器的代表作品。

　　明代螭紋較宋、元時期有了改變，宋、元之螭紋似爬行，頭更似壁虎，明螭紋近似於貓科動物。我們把明代龍形紋飾中近似於獸身的圖案稱為螭龍或獸身龍，這類裝飾約可分兩類：一類為器物的柄、耳，多見於龍耳杯，器不高，杯耳為弓身獸形，龍頭。另一類為裝飾圖案，似龍而短身，頭型也有變化。故宮博物院藏玉方形螭龍佩，所飾圖案似龍似螭，身細長，四足，分杈尾，雙陰線脊，脊側有「二」形紋，頭大而方，雙環式眼，集明代龍、螭紋特點。

　　飛龍為帶翅之龍，與魚龍又不同。目前見到的明代作品主要有兩種：一種粗身短翅，似由摩羯演化而來[註2]，其特點表現於龍的頭、尾、翅、鱗等方

註2 見《故宮博物院藏文物珍品全集》四十一冊圖173，香港商務印書館，1995年。

面。另一類為長身大翅，身細長，頭、尾、身、肢有明後期龍紋特點，於龍紋上又加翅，形似蝙蝠翅，以《故宮博物院藏文物珍品全集》四十一冊189圖飛龍碗為代表作。

穿花龍圖案在元代已廣泛使用，如鏤雕穿花龍玉爐頂，故宮內元代斷虹橋欄板等。明代穿花龍圖案對元代圖案有所繼承，但風格有改變，圖案使用更為廣泛，平面作品較多，如帶板、帶飾等圖案結構複雜，作品有幾個層面，形成多層鏤雕。

三、明代的雲、水紋玉器

雲、水紋是古代玉器上的常用花紋，宋、元玉器上常見雲朵大致有三歧的骨朵狀雲、靈芝式雲、如意式的垂雲等形式，這幾類雲紋在明代玉器中仍見使用，但式樣上出現了變化。宋代的骨朵雲前部多為三個團狀，邊緣或有齒，後部為一個略呈「S」形的雲尾，雲尾又呈前寬後尖形，這類雲紋在傳世的宋玉禮樂杯、玉飛天上多有出現，特點明確。明代玉器中使用此類雲紋的較少，《故宮博物院藏文物珍品全集》四十一冊圖170所錄白玉雙鶴紋帶板應屬明代前期的作品，鶴身旁有雲，呈朵雲狀，但僅為一團，其上有三個旋紋，「品」字形排列，形成雲頭，雲頭外緣呈齒狀，雲尾似有似無，不是明顯的表示。

靈芝狀雲朵多見於元代玉器，宋時作品亦有所見，以《故宮博物院藏文物珍品全集》四十一冊圖127白玉龍穿花佩而言，這類雲朵其形近似橢圓，中部內凹，邊緣呈齒狀，前後兩部分各有一螺旋紋。南京汪興祖墓出土雲龍紋玉帶飾所飾雲紋為此種樣式，表明了明代初年對此種雲紋的認同。《故宮藏玉》圖115錄明早期雲龍紋玉帶板，其上雲紋有兩種樣式，其中一種為外形橢圓，中部內凹，外緣有齒，內有螺旋的靈芝形雲朵。

宋元時期的如意頭式垂雲朵作為圖案裝飾，是介於仿古雲紋與時樣圖案間的樣式。浙江衢州史繩祖墓出土有合葉式玉飾，其主體為如意形，我們可以在宋代玉器及織物等多種工藝品中看到這種如意式垂雲的裝飾。明代器物裝飾中有將宋元如意式垂雲發展為雲朵的表現，但在式樣上有所變化。明初玉器上裝飾的三旋朵雲，外形與如意頭類似，應是宋元三歧朵雲與如意式垂雲結合的一種形式。嘉靖時期，工藝品中較多地出現如意形雲朵，有時以四個為一組，

呈四合如意狀。玉器中常以單獨的雲頭出現，《故宮博物院藏文物珍品全集》四十一冊圖189飛龍紋玉碗飾有單朵的如意雲頭，外形略長，其上帶有兩個螺旋，是明後期如意雲頭的代表樣式。

　　流雲亦是明代工藝裝飾的主要紋飾，但它往往與人物故事圖案並用，明代的漆器作品多有年款，圖案的演變很直觀，而帶有年款的明代玉器數量非常少，圖案時代的確定往往參照明代的漆器與瓷器。一般來說，玉器中的流雲僅見於山水人物圖案，其間流雲以幾道起伏的波狀陰線表示，陰線的粗細、深淺多有變化。

　　明代玉器上水波紋的使用源於宋、元玉器。我們知道，唐代之前，玉器中的水波圖案表現主要為團塊狀，密集線圖案僅在龍尾等力量部位使用，而宋元玉器中水波圖案組織方式類同於宋元漆器，圖案中將天、水、地分別用錦紋表示，表示水的錦紋為四方連續排列的單元組合，將相同的獨立單元排列在一起，每一獨立單元呈峰狀，用多道細折線組成。目前考古發現的帶有水波圖案的宋、元玉器中，圖案特點主要如此。如浙江衢州南宋史繩祖墓出土的玉筆架，其上飾有水波紋，紋飾呈單元組合式。無錫元代錢裕墓出土鏤雕鶻捉鵝玉帶飾，其下部表示水塘的水波紋也呈單元組合的狀態。在傳世的宋、元玉器中，水波紋圖案也以這種單元組合的結構為主，如故宮博物院收藏的宋代龍紋簋式玉爐、鴛鴦形玉杯等。此外，還可以在一些傳世宋、元玉器中看到另外幾種流水的表現方式：　種為瀑布、溪水的使用，見於《故宮博物院藏文物珍品全集》四十一冊圖93玉松林人物擺件，其上的流水為幾組粗陰線相接，呈「之」字形，每組粗陰線的粗細、深淺不勻，呈直線狀。另一種見於《故宮博物院藏文物珍品全集》四十一冊圖140，玉雲龍紋帶飾，其上的水波呈鹿角狀出杈，端部呈捲曲的形狀。

　　明代玉器上的水波紋在承襲宋、元玉器水波紋表現方式的基礎上，形式有了一些變化，主要情況如下：

　　工藝圖案式的水波紋表現。由宋、元單元組合式水波圖案發展而來，多用於泛主題圖案之中。如《故宮博物院藏文物珍品全集》四十一冊圖194雙龍柄杯，柄壁內外皆細陰線圖案，海水、葫蘆、魚、獸等，其中海水滿佈，海水紋是以幾種不同的陰線組合單元構成，同宋、元圖案相比，陰線線條細而長，並有曲線間的變化。

山水圖案中的水波表現。明代玉器中的山水圖案一般都非常簡練，追求高遠的意境，圖中雲稀風淡、水波不興。水波的表示大致有三種情況：

• 水面平如鏡，如有若無，用平面表示，見於小型玉牌飾。

• 水波微瀾，似流動，表現方式似繪畫中的披麻皴、螞蝗皴，代表作品為山水圖案墨床，所飾圖案中水流呈波狀，用凸起的線條表示，線條較長，間距較大，且有粗細線條的變化。

• 用細密的長直線表示水面。代表作品為「子剛」款山水人物盒，盒為方形，蓋面飾臨江垂釣圖，水面上有凸起的藻層，其上又飾以細密的長陰線，以表示流動的江水。盒的一側飾水中荷花圖案，圖案的下部為水面，呈略凸起的平面狀，其上又有細密的長陰線表示水流。

水浪與海水江崖圖案。所謂海水江崖圖案，是以直立於海水中的山峰及石邊外捲的水浪為特點的圖案。明初玉器上已見使用，一般用來表示宏大的場面和氣勢。代表作品為故宮博物院收藏的明代初年的白玉龍紋帶飾，帶飾的龍紋身下方皆為山石及浪花圖案，用以表示江山，山石呈凸起的柱狀，浪花呈向兩側翻捲狀，端部似有旋，圖案簡練，僅為示意。這一圖案在明代中晚期的工藝品中廣泛使用，含義也有增加。《故宮藏玉》圖112為海水江崖圖玉圭，圭為明代風格，海水中部呈排列的水浪，以細密的弧線表示，水浪的上部為浪花。

明代工藝圖案中還有一種似雲似水的雲水混合圖案。這類圖案在明代萬曆款掐絲琺瑯作品中大量使用，作為填充空白處的底子，排列使用。圖案的每一單元，外形似如意，又似靈芝，是用一條單線曲折盤旋而成。這一裝飾風格在明代玉器中也有表現，每一單元都以單線或接線的曲折旋轉而成，似為雲朵，但較雲朵大，相互間擠滿，圖案常與龍、螭紋連用。

四、明代的螭紋玉器

螭是古代傳說中的動物，《說文》釋螭「若龍而黃」。中國古代傳說中有眾多神化了的動物，與古代文物中的圖形相對照，除了龍、鳳，螭是文獻名稱與工藝品圖案對應最準確的動物。相傳漢代皇帝「璽以玉，螭虎鈕……」。據此人們把漢印鈕上頭似虎、爬行狀的神獸考證為螭，這樣也就

拓片〔32〕明　玉雙螭紋璧

認識了戰國及漢代各種玉器上的螭紋。

螭紋是戰國以後古代玉器上出現最多的動物紋飾，各時期的螭紋特點有所不同，成為後人識別古玉的旁證。仿古螭紋也是各時期仿古玉的重要內容。

從考古發掘到的作品看，明代器物上裝飾的螭紋延續了宋元時期螭紋的風格而略有變化。

宋元時期的螭紋玉器，考古發現的材料中已經多處出現。四川廣漢窖藏玉器中有一件帶有螭紋的桃形玉帶飾，其螭頭長而前部尖，五官集中於頭的前端，耳呈旋狀，身細瘦，脊線兩側帶有旋紋。元代的螭紋玉器，陝西西安、江蘇無錫等地已有多處發現，造型雖不盡相同，也有一些略具共性的特點，如：五官簡練，呈於頭部前端，頭型略長，旋形耳或凹餅式耳，身長而細瘦，脊線兩側有「二」字形飾紋，四肢上端或肘部有螺線紋等。這時的螭紋無兇猛感，研究者認為造型近似於壁虎。

考古發掘中發現的明代螭紋玉器主要有上海寶山區朱守城夫婦合葬墓出土白玉螭紋牌、北京地區出土的明代雙螭耳玉杯。玉牌呈長方形，頂部有環而傷缺，玉牌的前後兩面及側面、底面皆平整，邊線直而似有鋒，前後兩面琢淺浮雕螭紋，螭形小巧，頭較寬，下頜呈圓弧狀，整體上無兇猛感，頭型似貓。北京出土的雙螭耳杯，杯兩側鏤雕雙螭，螭為弓身，後足踏杯，前足伏於杯口，螭形具兇猛感，頭部與明代的虎首獸面紋有相似處。

明代螭紋與宋元螭紋的近似，其原因是多方面的，首先是明代螭紋玉與

〔圖114〕明　青玉雕螭連環帶扣

〔圖115〕金　青玉鏤雕花鳥嵌件

〔圖116〕明　白玉鏤雕蟠螭雞心佩螭玦

〔圖117〕明　白玉蟠螭龍首帶鉤

〔圖118〕明　白玉鏤雕雙螭佩

〔圖119〕清　白玉蟠螭佩

宋元螭紋玉器間的繼承關係，明人高濂《遵生八箋》有「近日吳中巧擬漢、宋螭玦、鉤環，偽亂古製」的記載。其次在於宋、元、明時期，人們並沒有把工藝品上的螭紋作為龍的一種，賦予螭以神龍之尊〔拓片32、圖114～119：宋、明、清螭龍紋玉器〕。

　　從文獻及考古資料來看，明代宮廷及王室用器上，較少有這種爬行類動物演化出的螭紋。明定陵出土有金、玉、瓷、琉璃等多種用具，僅見一件玉爵，其扳為螭龍式，而其形似獸、頭似龍首。山東魯王朱檀、江西益王等皆明代皇室成員，墓中亦不見爬行類螭紋器物。《故宮博物院藏漆器》一書，錄有帶製造年款漆器多件，不乏「永樂」、「宣德」、「嘉靖」、「萬曆」年款宮廷漆器，僅一件宣德款剔紅荷葉盤，圖案中一戲水動物，說明釋其為「螭」，但其「螭」長髮闊嘴，與宋、明玉器中的螭亦不相同。

　　把螭形賦予龍的特點，主要流行在清代，宮廷使用的一些木奩盒，中心凸出圓鈕，上刻「三」款，為八卦中的乾卦，描金，鈕外環套螭紋玉璧，以螭示龍，整體圖案以示「乾隆」。宮廷玉器中也多用螭紋，《乾隆御製詩》四集卷八六，錄有乾隆《詠和闐玉蟠螭壺》詩：「琢玉作今器，範銅取古型；俗嫌時世樣，雅重考工經。雖匪金銀錯，依然螭象形；灑漿原弗噂，祇備插花馨。」從詩的題目及內容看，蟠螭壺是用和闐玉製造的宮廷玉器。由於宮廷的重視，且視螭為龍，一般清代宮廷用玉，其上的螭紋琢製精細，造型複雜，具有更多

的龍紋特徵。

由於螭紋的含義及社會對其重視程度的不同，清宮舊藏螭紋玉器中的明代作品與清代作品在造型、加工上有著區別，這就給識別明代螭紋玉器提供了一定的線索。另外，上海、北京等地明代遺址的考古發現中也有一些明代螭紋玉器，為識別明代螭紋提供了標準。明前期所用裝飾螭紋受到了宋、元時期螭紋玉器的影響，其特點亦像小型爬行動物蜥蜴、壁虎，頭部簡練，不似獸頭，四肢雖有蹬伸，並非很有力量。明中晚期出現了玉器收藏熱，佩飾製造中出現了模仿漢、宋形製螭玦、鉤環的風氣。螭紋的流行主要依傍佩玉之風，明代螭紋的使用更具民間性，造型追求裝飾性及體態的神勇。

典型的明代中晚期螭紋作品很多，上海出土的明代螭紋玉牌，其螭寬頭圓臉，大眼，頭部似有貓科動物的特點，而故宮遺存玉器上的螭紋有一些是與上述原則相抵觸的，大致可分為幾種類型：

• 方斗式頭。身細長直硬，有網格式紋，肩、肘有螺旋紋的螭。代表作品為故宮收藏的明代玉杆筆，細長直硬身，身上網格紋與明萬曆時期玉帶板上龍紋形成了統一的風格；

• 虎頭螭。頭形較方，闊嘴，重眉，或有長髮，髮較直，不飄拂，頭似虎類猛獸，代表作品見於故宮收藏的螭耳玉杯；

• 窄頭螭。螭頭前端較窄，扁片狀，直鼻，眼較有神；

• 寬頭螭。螭頭的寬度或大於長度，鼻、眼簡練但有神，眼上有重眉，下巴或為弧狀；

• 梯形頭。頭形寬而短，呈後寬前窄的梯形，耳自外向內旋，圓環形眼。明代螭紋的螭身較細長，略曲，顯得較靈活，長尾，或分兩杈，或分為三杈，腿較細，勾狀趾，前後肢的前側多有裝飾，多無披髮而有長角，角端有旋。兩前足一般為前屈狀，後肢或一前行一後蹬，或兩後足皆前行狀。這些螭的耳型多有變化，常見的有小尖耳且耳面有凹、圓耳且耳面有凹、向內旋的旋形耳、餅式耳等類。身部一般較細瘦，脊部或為陰線，或為凸線，極少數呈連珠狀，所連之珠方而不圓，肩及後腿前部往往有火焰紋。尾多分為長、短兩杈，捲向兩側。兩前肢多見同時前屈的投降狀及一前一後的划水狀，後肢似爬行，一肢向後力蹬，另一肢前行。

明代螭紋的使用極其廣泛，最常見的螭紋玉器有如下幾類：

拓片〔33〕明　玉夔鳳紋佩

拓片〔34〕明　玉螭紋方盒

拓片〔35〕明　玉雙螭紋方盒

‧螭紋璧。三螭璧在四川蓬安縣西拱橋村宋墓考古發現中已存在[註3]，明代玉器承宋、元玉器風格。螭紋璧的製造更為普遍，多數作品的一面為螭，或三螭或二螭，少量的僅一螭，另一面為乳丁或其他圖案。另外還有一些明代玉璧呈多螭裝飾，螭紋布於璧的兩面及內外邊緣，有的螭首、尾布於璧的兩面。〔見拓片32〕

‧螭紋玉佩。有仿古的螭紋玉劍飾及螭紋玉帶飾（帶鉤、帶扣等）等人身裝飾用玉，上海等地出土有螭紋方牌、螭紋髮簪等。故宮博物院藏有一批雙螭抱環玉佩，作品為片狀，鏤雕，近似於橢圓形，角略方，一面較平，另一面有凸起的變化，作品中部為一圓環，其上有細陰線圖案，兩側各鏤雕一螭，屈身，頭相對，隔環相望。

‧螭紋器皿。主要為螭耳杯，一般較矮，以螭為杯柄或耳，螭弓身，兩足及口接杯上，後足踏杯身。螭紋杯以螭為杯身裝飾，多見於筒狀玉杯。

‧螭紋文具。常見的有螭紋筆管、印色盒、鎮紙、臂格等。〔拓片33、34、35〕

註3 上海博物館：《中國隋唐至清代玉器學術研討會論文集》圖版15，2002年9月。

五、明代玉器上的山水圖案

山水圖案於宋、元玉器中有所發現，故宮博物院收藏有幾件山形玉件，從龍紋、山石及藝術風格上看，應為宋、元時期的作品。明初，工藝品中山水圖案尤盛，漆器、象牙中多有淺浮雕作品，但玉器中卻少有表現。

明代玉器上山水圖案的流行主要在明代中晚期，代表作品是帶有「子剛」款的山水圖案玉器，另外還有一批不帶款的作品。由於明代遺址發掘中尚未出現山水圖案玉器的標識性作品，因而明代這類作品的確定主要通過與清代作品的比較，以及作品整體風格的認定而最終確認。帶有這類山水圖案的作品主要有下列幾種：

1.**山水圖案盒**。以方盒為主，多為「子剛」款作品，盒側面呈梯形，上寬下窄，蓋面隆起，飾山水圖案，盒壁較高，口部有一周向內收的平沿，沿上有小口。這一造型應是明代較為流行的樣式。

2.**山水圖案杯**。目前見到的有圓形直口杯及斗杯二種，作品上未有製造者名款，一斗杯上有「梅道人」款，凸雕詩句。

3.**墨床**。僅見白玉「子剛」款山水圖案墨床，圓形，片狀，邊緣下有三小足，圖案於表面，極淺淡，雕有山、水、雲、日，無人物。

4.**長方形玉牌**。從已知作品來看，此種山水圖案作品帶有「子剛」款，這在有關陸子剛治玉的文獻記述中是沒有的。這批作品的圖案風格較為一致，應有共同的時代背景。明代玉器上的山水圖案，一般都為極淺的凸雕，有些似片狀剪紙貼於器表，有些呈較淺的坡起。圖案受山水畫的影響，結構簡練，所表現的天地深遠，有較強的空間感。

六、明代玉器上的人物圖案

唐代玉器上已經出現了作為裝飾的人物圖案，同時也出現了圓雕的飛天、甩袖人物，這些作品給傳統的玉器製造注入了新的活力，自唐代後，玉器的發展便沿著傳統與時尚兩條路線進行。唐代出現的玉器圖案及玉雕人物作品取材已經非常廣泛，這些都為明代人物題材玉器的發展提供了條件。

〔圖120〕宋　白玉鏤雕跨鳳仙人

〔圖121〕遼　青玉滿紅浸嬰戲玉墜

〔一〕玉帶飾上的人物圖案

明代玉帶飾的種類很多，帶有人物圖案的主要是帶板。1981年上海東昌路明墓^(註4)出土有一片嬰戲圖玉帶板，長7.4公分，寬5.2公分，其表面為錦紋地，飾七嬰，皆長衣肥袖，圓頸，衣紋較宋代作品略增，呈長弧形。故宮藏一套明代玉帶^(註5)，有十六片，為嬰戲，其中數片，嬰童衣飾網格紋，一些童子的衣袖、褲腿上有密集的短陰線衣紋，陰線略直，其餘又有四片飾八仙紋，皆長袍，下擺處有「↑」形陰線衣紋。另外，江西南城明墓出土有一套戲獅人帶板，二十片一套，屬明代型制，所飾人物頭戴斗笠式帽，與明初朱檀墓出土漆帽式樣相同。從上述三處明代人物紋玉帶飾可以看出，玉飾上的人物紋有平面化傾向，人物臉部五官為陰線琢出，衣紋簡練，用弧線及短直線組成，人身服飾多為長袍，人的頭形較圓且與身體的比例較大。

〔二〕玉器皿上的人物圖案

帶有人物圖案的工藝品在宋代已經很盛行，江蘇武進出土有戧金漆盒，上海博物館藏有元代東籬採

註4 見《上海出土唐宋元明清玉器》圖147，上海人民出版社，2001年10月。

註5 見《故宮藏玉》圖116，紫禁城出版社，1996年6月。

菊圖雕漆圓盒，玉器則見有宮遺的禮樂圖嬰耳杯，作品與安徽宋墓出土的銀杯相似，宋代玉器上的人物清秀，小頭長身，〔圖120、121〕為較高的浮雕。明代玉器皿上的浮雕圖案，能確定為明代早期的人物作品目前尚未見到，而明中晚期作品確有一些，主要為人物紋執壺、人物紋玉杯。目前已知的作品還比較少，從中表現出的人物圖案呈現為兩種不同的風格。執壺類的代表作品為青玉八仙紋執壺、青玉壽字東方朔執壺。八仙執壺高27公分，闊腹高頸，頸兩面凸雕行草詩句，腹兩面飾淺浮雕的八仙人物，又綴以松、鶴、桃、石，圖案緊湊，人物頭部較大，細陰線開臉，博袖長袍呈飄動狀，粗弧線衣紋。東方朔執壺高29公分，高頸闊腹，頸兩面凸雕方形開光，內凸雕壽字，傍有凸起篆書「湛霞擎供奉，仙酒賀長春」，腹部圖案為淺浮雕，凸起薄薄一層，有雲、松、竹、蘭、鶴、鹿、梅花、靈芝，一面琢一老人擎藥葫蘆，身後一童負鋤，另一面琢一老人捧桃，身後一童攜琴。〔圖122、123〕

人物紋玉杯的典型作品為凸雕五老圖玉杯，杯高7.5公分，以不規則的玉子類玉材琢出，作品中部為圓桶狀杯，其外一周鏤雕松、鶴及五老圖圖案。圖中一老人雙手攀枝，似欲摘

〔圖122〕明　青玉六方執壺

〔圖123〕明　青玉八仙刻詩執壺

〔圖124〕明　青玉壽星如意

桃，一老扶童子而立，二老對奕，另有二童牽拉畫卷，一老策杖而觀，高松、密樹、巨石高於杯口，杯口僅留一處平沿，以供使用，人物衣紋長線少折，是典型的明代玉器風格。

〔三〕人物題材的玉擺件

玉擺件在宮廷中稱為玉陳設，較玉珍玩尺寸略大，是擺放在室內多寶格或几案上的擺設，起觀賞及裝飾效果。宋、元時期的一些仿古卣，主要是用於陳設，到了明代這類器皿逐漸增多，並有動物、人物等作品。人物題材作品大致有三類：

1.單一的獨立人物。已被確定的有觀音、壽星、布袋僧等。這一類作品的確定較為困難，原因是有一部分作品在造型、局部特點上有一定的規律，但大部分作品的規律性表現得不十分明顯，不易把握。從作品的一般情況來看，這類作品中人的頭型略長，頸、領部呈「Ｖ」型或「Ｕ」型，衣紋簡練，一般為直線、弧線相結合而成。另外還有一些服飾上的特徵。

2.人物、動物組合。多見人與鹿、人與馬、人與獅類作品，已發表的圖冊中，有很多具有代表性的作品，如宮遺作品中的壽星臥鹿、人騎獅等。這些作品中的人與動物表現出了很強的明代玉器造型特徵。〔圖124〕

〔圖125〕元 青玉童子牧馬

3.玉圖畫、山子。即用玉製造的圓雕景觀,主體部位往往是山石、樹木。目前發現的早期作品為宋、元時期製造,作品可分為山林動物及山林人物兩種,作品中的圖案搭配不甚注重比例,往往山石小,樹木的比例較大。山石也是多用圓形鑽頭琢出。這樣的風格影響到了明代玉器,宮遺玉器中的兩類作品被確認為明代製造,一類的代表作品為山石、樹、猴擺件,青色玉,柱鑽法琢出山石,其旁高樹,大葉稀疏,樹上攀一猴,作品表面留有玉皮顏色。另一類的代表作品為青玉壽鹿山子,鏤雕,少山石而多樹,樹下一老人執如意,身旁有鹿,樹上結桃。

〔圖126〕宋 青玉童子

〔圖127〕宋　白玉童子

〔圖128〕明　青玉雙嬰佩

〔圖129〕明　青玉執靈爬童

〔四〕人形玉墜、玉鈕

　　人形玉墜是掛於人身的人形玉
件，以童子、母嬰等題材作品最為常
見。玉鈕是見於器皿蓋部的人形鈕，
或為獨立的人形，或為人物圖案組
合。〔圖125～134宋、元、明、清玉
器比較〕

七、玉器上的花鳥圖案與花鳥
　　　題材玉器

　　宋、元時期的玉器中，花鳥題材
的作品佔有相當的比重，尤其是金政
權，把「春水」作為服飾圖案，推動
了「春水」題材玉器的製造圖。所謂

〔圖130〕宋　白玉微浸童墜

〔圖131〕宋　青白玉人

〔圖132〕宋　白玉龍王像墜

〔圖133〕宋或元　白玉鏤雕丹鳳朝陽嵌飾

〔圖134〕青　玉黃浸進寶小人（一為宋元，一為清仿）

拓片〔36〕明　玉蓮花紋飾件

拓片〔37〕明　玉蝶形飾

拓片〔38〕明　玉荔枝紋方盒

「春水」玉，考古發掘的金代玉器中已有多件，是以荷塘、雁、鶴為主要圖案的作品，另外宋、元玉器中的花形玉佩、鳥形玉佩種類很多。明代的花鳥題材玉器就是在這一基礎上發展而來。〔拓片36～38〕

　　明早期花鳥圖案玉器有山東朱檀墓出土的花形玉杯、花紋白玉帶板，安徽明李貞墓出土的雙鳳紋佩、玉鳳頭簪。圖案略帶宋、元玉器圖案特點。明中晚期玉器的考古發現中，可以看到花鳥紋作品涉及到了明代玉器的許多方面，一般類型的玉器中都有花鳥紋的作品。

〔一〕花鳥題材作品的分類

　　按照作品的製造方式，花鳥題材玉器作品可分為鏤雕的立體性作品、透雕的片狀作品、帶有凸起圖案的作品及帶有陰線花鳥圖案的作品。

　　鏤雕的立體作品主要有三類：一類為花插、玉杯、玉洗等，體積較大，將鏤雕的花卉同容器結合起來，作品中的花枝多為大葉，花朵也較大，花瓣、花葉厚實有力。鏤雕花枝往往佔作品體積的一半以上，整體形狀不甚規整，往往依材料形狀進行設計，在體塊上無較明顯的取捨。第二類為較小的獨立作品，以爐鈕、掛墜為主。作品又分兩種，一種為空心

〔圖135〕清　青玉蓮藕鷺鷥

作品，如柱形宮頂爐鈕，圖案多於外皮，中心鏤空，作品外形一般較規整，表層圖案平整，少起伏。另一種為實心作品，外表有鏤雕圖案。第三類為作品的局部鏤雕，如細長髮簪的一端有鏤雕的簪頭，玉瓶的雙耳為鏤雕的花朵等。這類的鏤雕，圖案疏朗，空白處較多為花卉，且一般都有較長的枝。
〔圖135～146宋、元、明、清玉器比較〕

　　透雕的片狀作品主要為帶有花鳥圖案的片狀玉飾，有單層圖案，上、下雙層圖案，三層圖案之別。作品往往突出中心花朵，或一種，或幾種花，表層圖案較平面化。

　　凸雕的花鳥圖案見於器皿、文具、牌形玉飾等作品，起表面裝飾作用。多數作品起凸很薄，圖案似剪紙貼於器物表面。從雕琢技巧上又可以看到二種，一種是作品不剔地，在圖案周圍，用坡狀剷除法鏟去一些，所有底子與圖案表面在同一平面上。另一種是剔地陽文，把作品表面地子剔凹，使圖案凸起，做法似清代竹雕中的留青雕法，作品表面有一層凸起的圖案。另一些片狀玉器，圖案空白處有較深的剔除。

　　陰線花鳥圖案應屬剔雕，即圖案於器物表面凹下，剔雕作品多見於清代工藝品。雕法又可分為二種，一種是剔雕陰線，另一種是進行較大面積的深層剔除，如竹刻中的剔雕白菜紋筆筒，所飾白菜圖案為竹壁上剔出。

〔圖136〕清　青玉凸雕雙蝠纏枝葫蘆　　　　　　〔圖137〕清　青玉白菜花插

〔圖138〕明　青玉雀石山子

〔圖139〕明　青玉鏤雕花鳥鉤環

〔圖140〕明　白玉鏤雕蘆雁嵌件

〔圖141〕宋　青玉黑浸朱雀雞心佩

〔圖142〕宋　白玉鏤雕鶴紋佩

〔圖143〕宋　白玉經火孔雀佩

〔圖144〕金　白玉鏤雕花鳥器柄

〔圖145〕宋、明　白玉蓮花荷葉

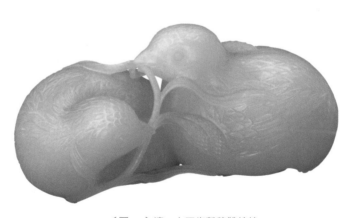

〔圖146〕清　白玉銜穀穗雙鵪鶉

　　玉器上的陰線圖案，在遼代已見作品，遼寧省朝陽市遼代的北塔天宮中藏有一圓形玉片飾，上面的圖案是陰線雙蝶，據此，人們改變了認為陰線圖案玉器主要為清代作品的傳統看法，轉而認為很多陰線圖案作品為明代製造。〔拓片39、40〕

　　另外，江西新余縣明墓出土有成組玉佩，其上琢有陰線的鳳鳥紋、雲紋，

作品更加明確地表明了明代陰線圖案的特徵。與清代圖案相比，明代陰線圖案線條粗深而簡練，圖案簡法，特寫性強。

〔二〕幾種常見的花鳥圖案

明初雕漆作品中已多見水仙、梅花、牡丹、石榴、菊花、梔子等圖案，表現出花鳥圖案在工藝品裝飾中的影響力，而玉器中的花鳥圖案作品，以明代中、晚期作品最為常見。明代的花鳥題材在玉器中主要有：

秋葵。屬葵類花，葉似楓葉而大，花為五瓣，大朵如碗，花心有長蕊。故宮博物院藏有秋葵花式單柄杯，其中的一件作品壁薄，柄細，花葉疏朗，與宋代銀器造型相仿，鑒定為元代作品。又有壁厚，枝粗，花、葉團緊者，鑒定為明代作品，而就其枝柄的鏤雕形式看，定為明代無異議。平面的秋葵花圖案，往往仿照秋葵花的生長特點，將花瓣的排列製成向右旋扭的方式，這類圖案在明代、清代工藝品中大量存在，其中明代的作品花瓣少而肥大。明代的葵瓣圖案多見於花形玉片，又分為兩種，一種花瓣較長呈旋扭的形狀，一般六瓣或八瓣。另一種與器物中的葵瓣盤相似，僅在玉片的外緣有一周葵瓣排列。〔拓片41、42〕

拓片〔41〕明　玉秋葵花形片飾

拓片〔42〕明　玉秋葵花式盒

梅花。明代玉器上的梅花裝飾主要有鏤雕作品，高浮雕裝飾及淺浮雕裝飾，偶見花朵形小飾件。鏤雕作品多為小的立體體塊，與枝相聯，稀疏佈局，花朵在表面，較薄，呈平面化。高浮雕裝飾見於筆插、花插，花與花蕾並在，花較少，星星點點。淺浮雕花枝見於器物裝飾，有較長的枝杆。明代玉器上的梅花裝飾，花瓣多呈環狀，中部以鑽頭琢凹，外環又琢成平面狀。

桃花。明代玉器上的桃花與梅花相似，往往連用。鏤空的作品多為桃花枝葉，見於桃式杯等作品。浮雕圖案多帶有花葉，花瓣雖然亦為五瓣，但形狀略有變化，有時近似於圓角梯形，有的作品中，桃花還配有網格狀花蕊，明代榮法寺塔塔基出土玉器有桃花形小玉片，可能是用於額頭正面的頭飾。

荷蓮。荷蓮是宋以後工藝品中應用得最廣泛的植物圖案，南宋有以荷花為山提的荷花簪、執荷童子等玉器，金、元又有以荷葉、動物為主題的「春水」玉器。這些傳統題材對明代玉器製造產生了重大的影響。除了以荷蓮為造型的荷蓮玉墜、荷蓮玉洗之外，明代玉器上還有大量的荷蓮圖案裝飾，這些圖案主要為束蓮、塘蓮、纏枝蓮、蕃蓮等。束蓮圖

案是將荷葉、蓮花集為一束，枝、葉簡單，有清蓮之意。塘蓮的表現較多樣，有時有水波、水鳥、藕等共同組合，對荷塘景中的某一點進行特寫，圖案佈局較複雜，往往表現某一主題。纏枝蓮圖案中，蓮枝往往有較大的變化，元代工藝品圖案中出現的纏枝蓮，以蓮花為中心，其外繞有一周蓮梗，梗細而長，其上向兩側交錯出葉，葉形似火炬。這一圖案在明代工藝品中被較多的使用，不同時期又有不同變化，中、晚期的蓮花、蓮瓣細瘦，葉冠較小。蕃蓮圖案是受中亞裝飾圖案影響的蓮花圖案，其所本之花為陸生植物，大花，長葉，葉脈直而凸起。儘管這類圖案對中國玉器的影響主要在清代，但早在明代中亞玉器就已傳入我國，而宮遺帶有蕃蓮圖案的玉器作品中，也有一些具有明代玉器風格。此一問題尚需進一步研究。一般來看，明代玉器中圖案化的荷蓮裝飾。所琢蓮花花瓣肥厚而短，瓣數也較少，花心往往呈蓮蓬狀，荷葉的邊緣線也較少變化，沒有複雜的波狀線，或為橢圓，或為一處、二處向內翻折，翻折處的邊緣呈弧狀，也有邊線四處內凹，整體呈四瓣海棠式的荷葉，荷蓮圖案中又常有三尖狀的茨菇、飄帶狀的花草、天鵝等。〔拓片43～45〕

拓片〔43:1〕明　玉蓮花紋八菱盒

拓片〔43:2〕明　玉蓮雀紋盒

拓片〔44〕明　玉蓮花紋圓盒

拓片〔45〕明　玉荷雁紋飾件

　　玉簪、山菊、石榴。百合的花形似喇叭,細長形,前端有闊口。北京小西
天清早期墓葬中有白玉鏤雕玉飾,形如相疊的玉簪花,多數人認定作品為元代
製造。宮遺玉器中有鏤空枝葉花插,主體部位為筒狀花朵,略有變形,應是由
玉簪類花朵演化而來,作品有明顯的明代玉器特徵。宮遺玉器中又有圓角方形
玉片飾,四角為四朵百合,花蒂接於玉片中部,花朵為側形,端部向前弧凸,

拓片〔46〕明　玉四合玉簪花片形飾

兩角向內捲，似靈芝，這類玉片應為明代帽飾。以上情況表明了百合圖案在明代的流行。山菊之形不同於家菊，花瓣短而直，多瓣排列，明代永宣時期剔紅雕漆上，多有山菊、石榴圖案，花朵大而平，雕刻圓潤。此風格影響到了明代玉器，明代玉器上不乏此類圖案。〔拓片46〕

　　靈芝。古人認為靈芝具有延年益壽的效力，靈芝的出現是祥瑞的表現，因而在工藝品圖案中較多地使用了靈芝紋樣。考古發掘到的宋、金器物中，典型的靈芝圖案較少，廣漢窖藏南宋玉器中有靈芝式雲紋玉墜，盧溝橋欄板上也刻有靈芝式雲朵。考古發掘到的元代靈芝紋玉器，見於無錫錢裕墓出土螭銜靈芝玉牌及南京溧水元墓出土螭銜靈芝套環，前者靈芝頭部呈「凸」字形，前端外凸，兩側有向內的旋線，後者呈腰圓形，中部內凹，兩側呈旋線狀。元代以後的工藝品中，靈芝圖案的使用更加廣泛。一般看來，元代靈芝圖案短而寬，邊線少波，常帶有向內的「V」形榫口，明代圖案較長而邊線多波線，靈芝的兩側有向外的凸角。宮遺玉器中帶有靈芝圖案的、器物時代特徵明確的明代作品有如下幾類：

　　• 靈芝紋玉帶板。壽字帶板[註6]一套二十塊，帶板上鏤雕靈芝與壽字，靈芝

註6 見《故宮博物院藏文物珍品全集》四十一冊中圖165、圖168、圖168，香港商務印書館，1995年。

拓片〔47〕明　玉花鳥紋方形片飾

的端部呈「人」字形分叉，「人」字端部又分叉，內叉回捲；

　　• 靈芝紋花插[註7]，作品之外琢有凸起的靈芝，靈芝之下有木本的枝幹；

　　• 琢有靈芝紋的「壽」字執壺，靈芝較矮，有枝幹，似地生，芝冠的上部又有向上的兩枝小草，似蘭草。這一圖案在明代玉器中有較多的出現。

　　牡丹、荔枝。牡丹、荔枝是元、明工藝品常用圖案，元代尤多龍穿牡丹圖案，據此可斷定一批元代的牡丹紋作品。從這些作品中可以看到元代玉器上的牡丹花紋，花瓣與葉皆較圓潤，呈外翻狀，表面往往飾以細長的陰刻線。明代牡丹花紋受元代牡丹花紋影響，花瓣層數較少，以外周一層為主，內層較元代圖案複雜，呈抱心狀，又多呈平面化，花及葉上亦有近似於平行線的葉脈。

　　明代玉器上的荔枝圖案，受雕漆作品荔枝圖案的影響，於荔枝果實上飾有不同組織形式的錦紋，一枝折枝上有數個果實。所飾錦文不同，常有菱形、錢形、六方、三歧等不同的單元組合。

　　松、竹、蘭。明代玉器上的松樹紋往往呈幹枝加松球的樣式，虬枝似枯，松葉不茂，葉呈圓球狀，數量不多，圓球之中心向外，放射性地琢幾道陰線，其中或有交叉的十字線，無凹下的坑狀松心。竹葉亦為疏朗的幾片，闊而尖，

註7 見《故宮博物院藏文物珍品全集》卷四十一—圖161，香港商務印書館，1995年。

似有直線陰線邊及單陰線中脈，竹葉上有多道細長葉脈者為宋、元風格。蘭草多與松竹、靈芝相伴，寥寥幾葉，又有五瓣小花。

各種鳥紋圖案。常見的明代玉器上的鳥紋圖案為鳳、鶴、雁、雀、鷹、孔雀。上海、無錫等地多有明代鳥紋玉器出土，作品圖案簡練，翅羽或直、或弧，少捲羽，眼部琢製多以陰線圈表現，少量以短陰線組合成眼。羽形主要有兩種，第一種為鱗片狀短羽，交錯排列，鱗片之上有「小」、「彡」形羽脈或「V」形中線，兩側排列小陰線。第二種為硬羽，多為長羽，羽上多有單排的斜陰線羽脈，少量有「V」形中分線，中線兩側各有一排斜陰線，個別鳥紋身上有網格紋而無鱗狀短羽。〔拓片47、48〕

拓片〔48〕明　玉蘆雁紋圓盒

明代的玉雕動物

拓片〔49〕明　玉雙夔團壽字紋方盒

拓片〔50〕明　玉螭紋飾

拓片〔51〕明　玉龍紋飾件

一、瑞獸題材玉器

　　瑞獸是玉器製造的傳統題材，早在新石器時代玉器中就出現了許多想像中的動物造型。這些動物造型，對後世的瑞獸題材有很大影響，而對古人的很多動物題材作品，我們至今尚不能準確地找到當時人們對它們的稱謂。〔拓片49～51、圖147〕

　　在古代，瑞獸於玉器中的應用表現在兩個方面，一是玉器上的裝飾，一是玉雕製的瑞獸，這兩類作品在漢代達到了高潮，其中不僅有螭龍、獸面、天祿、辟邪，還有人們所熟悉的天馬、臥羊、鷹、鳳、鳩首。宋、元仿古玉器是以漢代及戰國玉器為主要仿照物件的，瑞獸類作品亦是如此，同時宋、元玉器中又有許多的時尚作品，其中不乏以瑞獸為表現題材。這些題材中以辟邪、獅最為常見，這一題材又影響到了明代，目前我們能確定的明代瑞獸題材玉器及其同宋、元作品的關係如下：

〔一〕辟邪類玉獸

　　《古玉圖》為元人朱德潤繪，其中錄有玉辟邪，作品應是宋、元時期的仿古作品。目前宋、元遺址考古發掘中尚未發現典型的玉辟邪，一些

學者依宋、元玉器特點，將一些玉辟邪定為宋代製造，《故宮藏玉》圖79玉異獸，屬辟邪類瑞獸，具有短肢、小頭、凸胸的特徵，這一特點在遼陳國公主墓出土玉馬具所飾玉獸上有明確表示。另外，這件作品的眉、眼、鼻組合，同宋代仿漢獸面紋有相似之處，將作品製造年代定為宋代大體上是正確的。

在一些明代玉器的裝飾中，我們經常能看到辟邪類造型，這些作品具有方頭、粗頸、頭大、身體渾厚的特點，常見的較為統一的樣式是明代製造的辟邪式硯滴。作品近似於長方形，臥獸狀，短肢，粗頸，頭前伸，呈前窄後寬的梯形，有獨角，眼、眉、鼻集中於頭的上平面，脊線較直，向兩側伸出簇狀飾，似稀疏的魚刺，眼或為管形鑽鑽出，留有環形鑽孔，體內空能蓄水，背部有一孔，嘴前或銜一小圓盤。類似作品在故宮及社會藏玉中多有存在。

故宮博物院收藏有一件辟邪式執壺，為明代辟邪題材的典型作品，作品圓身，四短足，鉤形爪趾，四肢前端有火焰紋，身飾鱗狀紋，長尾為柄而上捲，尾端部分為三枝，尾根部出一榫，似夔尾，大頭，粗頸，頭與頸為承接式，頭可開啟，頸端為壺口，可向壺身注水，五官緊湊，眉眼鼻角

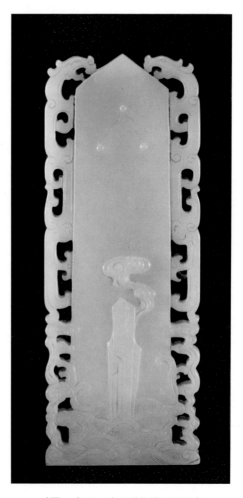

〔圖147〕明　青玉螭紋邊三星紋圭

〔圖148〕明　青玉子母獨角獸

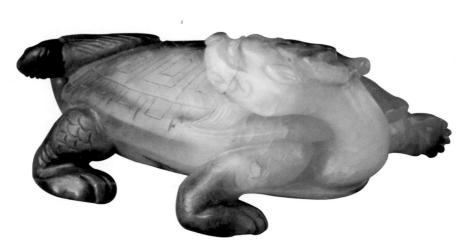

〔圖149〕明　青玉水銀浸龍首龜

位於頭部上方，張嘴，胸前一小獸，為流及口。

上述作品的頭型、眼、鼻、足、尾特徵為明代辟邪的典型。〔圖148～
155：宋、明、清玉獸比較〕

〔二〕麒麟類玉獸

麒麟為傳說中的瑞獸，「鹿身、牛尾、狼額、馬蹄、一角」，古文獻中多

〔圖150〕宋　白玉紫浸小獸

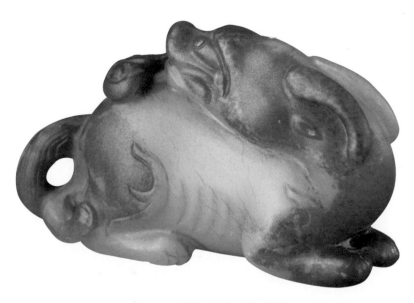

〔圖151〕宋　青玉臥獸

〔圖152〕宋　青玉雙獸墜

〔圖153〕清　青玉雕異獸

有記述。又說麒麟有雄雌之分，麒為雄性。宋代以前玉器中的麒麟作品目前尚不能確定，故宮博物院藏有綠玉帶板，其上有麒麟圖案，帶板形制有異，製造年代可能早於明代。

明代玉器中出現了較多的麒麟造型，受龍紋的影響，麒麟的頭部造型接近龍頭形狀，角為分枝式的鹿角形，長頭或有長髮，多向前衝，頭型總體上接近於獸頭，其身粗而有鱗。作品大致可分為玉器上的麒麟紋及圓雕的立體造型兩類。〔拓片52、圖154～155〕

明代的麒麟紋玉器主要為玉帶飾、玉佩件，以透雕玉帶飾最為典型。故宮博物院收藏的一套玉帶飾，作品下部為山石紋，二麒麟或立或臥，回首，肥身細腿，其身飾鱗紋，四肢上端有火焰紋，麒麟身側為粗大的柞樹，大葉，葉中脈深而支脈簡練，樹上又接有圓形果，果上有「十」或「米」字形交叉的陰線。類似圖案的作品，博物館及文物店中多有收藏，這類作品圖案一般都較簡練，一些鑒定家把這類圖案作品確定為元代製造，但故宮博物院藏這類麒麟紋帶板形制為明代特點，大多數應為明代製造。江西省博物館藏有明益定王朱由木墓出土白玉透雕麒麟紋帶板一套，所雕麒麟更顯粗放簡練，寥

拓片〔52〕明　玉鏤雕麒麟牡丹靈芝圖案飾件

〔圖154〕明　青玉雕麒麟

〔圖155〕明　白玉異獸負嬰墜

寥幾刀而出其形，髮前衝似飄，足上部無火焰紋，前肢前有斜後上衝的長翅，
頭無角，尾呈三歧狀，中簇呈片葉狀，身旁的花樹小而疏，顯得零落，作品為
明後期所製。

故宮博物院藏有兩件立體玉麒麟，身較明前期作品略細瘦，粗頸，短角，尾呈三歧狀且中一簇粗短呈片狀，張口，眼為管鑽套出。作品頭部簡練，似獸頭。

〔三〕甪端

甪端又稱角端，是古代傳說中的瑞獸，神勇而先知，宋代文獻中即有角端之述，但宋玉之中的作品至今尚沒有發現。

故宮博物院藏有大量的清代甪端類玉器，作品以大頭（約佔整體的1/3），兇猛猙獰，短身，短腿，凸胸為特點，造型不同於傳統的辟邪類器物，形似蹲獅而後肢直立。目前所見甪端形玉器都為空身（體內掏空），無頸，頭大可開啟，頭下為器口。故宮收藏中有一些造型、工藝皆不同於清代玉器的玉甪端，作品身上的花紋具有明代花紋的特點，這類作品的製造年代可確定為明代。作品中的典型為《中國玉器全集》第五冊圖247青玉甪端香薰，作品高17.8公分，腹內空，上部為口，甪端之頭扣於口上，頭與身體的比例較清代作品要小；甪端身飾凸起的夔龍、夔鳳，仿古鉤雲等花紋，為明顯的明代圖案風格。甪端的眉、眼、鼻、耳集中於頭的上部，短角，耳呈凹穴狀，眼為管鑽鑽出的環狀，再加以陰線眼球、眼眶，頭的腮、頷間有一道長陰線邊線。甪端似無頸，後腦部有旋形鬃髮，線條不流暢，似有接轉；尾長而上挑，端部分為三歧，中歧較大，如纓狀，寬而短；四足短而粗，肘部向後挑起呈角尖狀，其上有密集的細陰線裝飾，線條長短不齊。

〔四〕鹿紋玉器及玉鹿

商、周玉器中已出現了造型生動的玉鹿，唐、宋玉器中，鹿的造型更為普遍。宋、金、元玉器中的鹿紋，大體可呈兩種風格，其一為雄健，其一為瘦勁。雄健風格的玉鹿及鹿紋玉器主要見於北方，造型承唐代玉器遺風，鹿身肌肉凸起，豐滿，四肢細長，動感較強，有些還襯以柞樹、山林，野趣橫生，這一題材的鹿紋作品，有爐頂、帶飾及圓雕的玉件。瘦勁風格的鹿紋造型，有考古依據的作品主要見於宋代玉器中的鹿首帶鉤，傳世玉器中有宋代的子母鹿、鹿紋杯等，作品中鹿頭細長而唇上翹，頸與胸似插接。〔圖157～163：宋、遼、金、明鹿類玉器比較〕

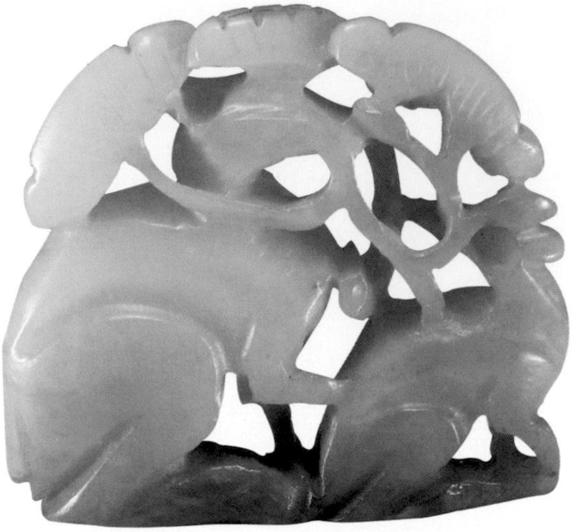

〔圖157〕宋　白玉鏤雕雙鹿佩

〔圖158〕宋　經火白玉臥鹿

　　明代的鹿紋作品是在宋、元鹿紋玉器的基礎上發展而來的，形象中融合
了宋、元時期雄健、瘦勁兩類作品的風格特點，作品大致可分為三類：一類為
帶有鹿紋的平面裝飾，另一類為以鹿為題材的圓雕擺件，第三類為鹿紋玉墜、

〔圖159〕宋　青玉臥鹿

〔圖160〕宋　青玉鏤雕松蘆鹿鶴爐頂

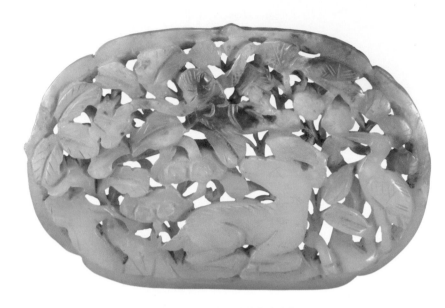

〔圖161〕遼　青玉雕鶴鹿猿嵌件

〔圖162〕金　青玉鏤雕柞樹雄鹿帶飾

〔圖163〕明　青玉鏤雕獸鹿山子

佩。帶有鹿紋的平面作品以玉帶板或片狀玉帶飾為最多，一般為透雕，鹿紋表面較平，旁有松樹、柞樹、竹類裝飾，似仿金、元作品而風格已變，有形而無神，作品已無肌肉力度，長唇，弓背，腿彎而不蹬，似圈養且失去了奔跑的主動性。

　　一些作品中，鹿形似羊或似兔，僅角部多杈而有區別。帶有鹿紋的圓雕玉件，《故宮博物院藏文物珍品全集》四十一冊圖214青玉壽星臥鹿，作品中壽星老人彎眉垂頰，衣紋簡練且呈折線狀，為典型的明代玉人物風格，老人身後臥鹿，鹿的臀、腿、尾部邊線方硬，細頸，長頭，頭部少起伏變化，鹿肩與頸自然相接，圓潤而無斷階，身飾「米」字陰線紋，為典型的明代鹿紋。《故宮

博物院藏文物珍品全集》卷四十一圖
210為銜靈芝臥鹿，靈芝長梗及齒狀
外緣，鹿頭部瘦而呈前凸的錐狀，其
上少起伏變化，腮部及腿上部與身分
界處的中粗弧線，都是明代玉器造型
中經常出現的手法。

〔五〕獅類題材玉器 〔拓片53〕

唐代以前器物中出現了獅子形
象，唐代的佛像雕刻中有類似獅子的
動物造型，唐代玉器中的獅子造型
可分為兩類，一類以何家村出土玉帶
板上的獅子圖案為代表，圖形源於猛
獅，披髮以長短交錯的密集線表示，
其形兇猛；另一類以《故宮藏玉》圖
61白玉臥狻猊為代表，它的頭小，披
髮呈排列的粗梗狀，端部有旋紋，這
類形狀的三彩作品，法門寺地宮已有
出土。據楊立新先生言，這類動物
造型源於長髮的獅子狗。從盧溝欄橋
板、望柱，以及故宮內元代斷虹橋所
飾石獅可以看出，某些金、元時期的
獅子雕刻，造型亦應源於獅子狗，具
有小頭、長髮、捲鬣、腮與髮有明顯
的弧線分界等特點。

故宮博物院藏有一批鈕形玉獅，
其中多數為子母獅，一些作品現已成
單件，一些作品被舊時宮廷嵌於銅器
木蓋，作為蓋鈕，其中一些玉獅的腳
下還踏有荷葉，這類作品中的一部分

拓片〔53〕明　玉獅戲球飾件

被定為明代，個別的定為宋代。作品的造型特點突出，具有小頭、長鬣、腮部有弧狀溝，尾三歧，中歧長而上衝的特點。擁有這些特點的作品，製造年代應早於明代。〔圖164〕

江西明墓出土過一套明代獅紋玉帶板，獅子身旁有訓獅人、山石等，獅子的形象與《故宮博物院藏文物珍品全集》卷四十一圖141玉帶板上的獅形相似，可以斷定，圖141玉帶板為明代作品。帶板上的獅形為大頭，細腹，披髮較短，獅頭的兩耳至頷部有一周陰線紋，小尖耳。

在一些典型的明代器物上，〔圖165〕我們可以看到一些動物的髮際呈角巾狀，或為三角形，或前寬後窄飄出一個大髮角，髮際略凸起，其上有細密的平行陰線，《中國玉器全集》第五冊圖247青玉甪端身上所飾夔龍即此情況，故宮博物院藏明代螭龍印色盒上的螭龍亦有此情況。如果此種髮型確屬明代玉器圖案風格，《故宮博物院藏文物珍品全集》四十一冊圖124所錄玉子母獅中的子獅，髮型亦為這一角巾型，作品應定為明代製造。這件作品中的母獅獅頭較大，似梯形，臉之表面略平，邊緣似有一周陰線，耳線自上而下再內捲，有鬍鬚，尾呈多股狀，每股長而端部旋。

〔圖164〕元　白玉紫浸獅佩

〔圖165〕明　經火白玉伏獅

〔圖166〕宋　黃玉駝

二、家畜題材玉器及其與宋、元同類玉器的關係

　　家畜與人類生活關系密切，很早就成為玉器的表現對象。宋、元時期，
玉器中家畜表現得非常成熟，〔圖166〕明代玉器中的家畜表現基本上是續延
宋、元玉器的表現風格，一些作品在玉材的選用、加工工藝方面較宋、元作品
略有不及。一般說，家畜包括牛、馬、豬、狗、兔、羊等。現已確認的明代有

〔圖167〕宋　青玉臥馬佩

〔圖168〕宋　白玉土浸臥馬小墜

關玉器情況如下：

〔一〕玉馬

　　馬在漢、唐玉器中已有成熟的作品。宋、元玉器中，玉馬佔有重要位置，
〔圖167、168〕元人朱德潤《古玉圖》中繪有玉馬，就其造型而言為唐代之後
的作品。這一式玉馬對後來的玉馬製造頗具影響，同類題材的作品在明代就
有，清代宮廷造辦處也曾照《古玉圖》進行了玉馬的仿製。

〔圖169〕清　青玉帶皮雙馬

　　故宮博物院藏有一組以馬為主要造型的玉器，為宋、元時期的作品，其中一件為透雕環托玉馬，作品為與帶鈎相配的玉環，環中部雕馬及其他圖案，環較小，表面弧凸，作品整體較厚，符合宋、元時期鈎類玉器的特點。作品中圖案有一定的景深，分層不甚明顯，馬的造型短而粗，腿細短而上部寬圓，接近於唐代雕塑中馬的造型，據這些特點，將作品年代定為宋、元時期。其他幾件作品中，馬的造型特點同這件相似，應為同類作品。

　　除本特點外，這些作品還有鬃呈多綹狀，尾與鬃毛粗而不密，短頸，小頭等特點，類似風格的作品故宮博物院以外的傳世玉器中也有發現。局部的表現有多種變化，一些作品的馬鬃，左、右、下部以直線為界，似布巾披於馬頸，馬四肢上部肌肉與馬腹間有較明顯的弧形界。

　　故宮收藏的明代以馬為裝飾的玉器，其圖案特點的確定，主要是依據宋、元及清代〔圖169〕圖案特點進行序列化排比，於清宮遺存的清代之前玉器中確定的。傳世玉器中使用馬紋圖案進行裝飾的玉帶板也為研究明代玉器上的馬紋提供了依據。《中國玉器全集》第五冊圖244所錄青玉臥馬，具有粗頸、小頭、

寬額、窄嘴、粗絡狀鬃、尾線僵直等
特點，為明代傳世玉馬作品的代表。

〔二〕玉兔

　　1974年，浙江省衢州市王家鄉宋
人史繩祖墓出土玉器中有一件玉兔，
為研究宋代及其後玉器中的兔類作品
提供了依據，這件作品同1958年北京
明定陵出土白玉兔形墜分別為宋、明
玉兔的代表作品。

　　史繩祖墓出土的宋代玉兔呈團身
狀，整體形狀標準，並未保留原玉籽
形狀，長耳，腮部有一道弧形界溝，
兩前肢並於胸前，四肢短而粗，四肢
的上部肥碩，與腹間以一面坡弧線相
隔，四肢上部前側、下部後側有成排
的短陰線，兔頭的前部呈前細後寬的
斗狀，面部無大起伏。作品的時代特
點表現於頭部的體積小巧與簡潔，粗
陰線、凹線及細陰線的運用，整體造
型中的直背墜腹等方面。

　　明定陵出土的兔形耳墜，形為
立兔，持杵搗藥，兔耳上衝，兔背、
腹、腿飾排列的短陰線，同宋代作品
相比較，這件作品整體上欠精緻。

〔三〕玉狗、玉小獸〔拓片 54〕

　　1978年內蒙古巴林右旗出土一件
玉獸，臥狀尖臉，有鬣，馴服狀，
似為犺狗。作品為團形四肢與頸部凹
陷較淺，近似示意。這一風格與宋史

拓片〔54〕明　玉獸形墜

〔圖170〕宋青玉佩（此類作品上常掛有獸形小墜）

　　繩祖墓出土玉兔相近，但獸眼為小凹坑，似嵌色石，鬣呈細密的長陰線，耳似橢圓形餅，中部下凹。內蒙古遼代陳國公主墓出土有嵌玉銅馬飾，其上嵌白玉臥獸多件，玉質極佳，所嵌玉獸造型趨於一致，高臀，豎頸，小頭，短尾，似虎。另外，遼寧朝陽北塔亦發現有遼代水晶小動物多件，上述宋、遼動物類作品是識別明代作品時所資參考的依據。〔圖170〕

　　《中國玉器全集》第五冊錄有兩件明代玉狗，皆臥姿，前足相並，其一為瘦身長軀，回首，嘴前伸，頭形整體呈細長的斗形，平額頭，眼、鼻於頭上面；其二為肥軀長身，形體簡練，整體隨材形，略方，頭亦呈側置的斗型。兩件作品呈現出兩種不同的風格，皆造型準確、生動。〔圖171、172：宋代及明代玉犬〕

　　在明代遺址的考古發掘中，很少能發現有動物形玉器，發現的玉獸更少。清宮遺存明代玉獸的確定主要是在所存玉器中篩出清代風格及元以前的作品，對所剩作品，參照其他類藝術品進行鑒別。另外還有一些典型的明代玉器皿（如執壺），附有動物形蓋鈕或造型為動物，這些作品為識別明代玉獸提供了依據。

　　明代玉器皿上的獸形蓋鈕中，一些小獸具有方頭薄腹的特點，獸頭似較厚

〔圖171〕宋　白玉臥犬

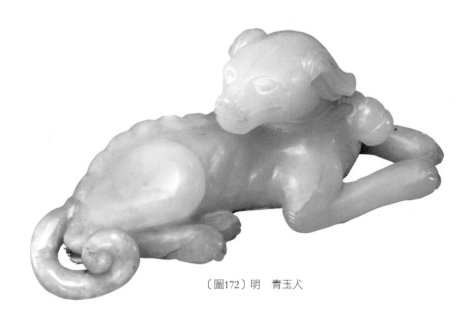

〔圖172〕明　青玉犬

的方片，前端略窄，眼、鼻於上方，略平，低額，頭的側面與上平面有較明顯的轉折，腹部寬而較薄。明代這一類獸頭的特點在明代的龍首帶鉤、玉獸形硯滴、臥獸等作品中都有體現。

明代製造的陸子剛款玉器

明後期，子剛款玉器大量出現，成為藏家追尋之物。直至清代及近現代，子剛款玉器不僅不衰，且數量漸增，影響更盛。下面是明代子剛款玉器的有關情況。

一、文獻記載的陸子剛

明代後期，中國北方與南方出現了兩個製玉中心，所製玉器風格略有不同。北方的製玉中心在北京，作品以定陵出土玉器為代表，南方的製玉中心在蘇州，代表作品較多，其中以「子剛」款作品最為著名。

蘇州位於長江下游的江蘇，明代，蘇州地區的社會經濟有了更大的發展，美術工藝與製造工藝也隨之有了長足的進步，玉器製造工藝便是其中之一。《天工開物》記這一時期的玉器製造：「良工雖集京師，工巧則推蘇郡。」[註1]大有蘇郡琢玉優於京師之意。陸子剛又是蘇州製玉業中出現的第一高手。明代文獻中多有關於陸子剛製玉的記述，這些記述多談及其作品，對於他的生卒年代卻講得不甚清楚。世傳玉器中見有「子剛」、「子岡」兩名，文獻中所見也為兩名。《香祖筆記》[註2]、《識小錄》[註3]、《觚不觚錄》[註4]皆曰「陸子剛」，《太倉州志》又曰「州人陸子剛」，可知陸子剛原為太倉州人。而明人陳繼儒《妮古錄》[註5]、屠隆《文房器具箋》[註6]談及作品時又談及作者「陸子岡」，且《陶庵夢憶》[註7]等書也講「陸子岡」，可見在明代晚期已有「陸子剛」、「陸子岡」兩名，兩款的作品，兩者為一人還是兩人，尚需進一步研究。

明代經濟的發展推動了鑒賞收藏風氣的流行，最初的鑒藏，承宋、元遺風，重視書法、繪畫、碑刻、銅器，以古舊為貴，明代晚期則開始重視當代作

註1 見明宋應星：《天工開物》，商務印書館，1954年。

註2 見清王世貞：《香祖筆記》，上海古籍出版社，1983年。

註3 見明徐樹丕：《識小錄》。

註4 見明王世貞：《觚不觚錄》，「叢書集成初編」本。

註5 見明陳繼儒：《妮古錄》，《均軒清錄》，中華書局，1985年。

註6 轉引自《說玉》。

註7 見明張岱：《陶庵夢憶》，上海古籍出版社，1952年。

品的收藏。《觚不觚錄》曰：「畫當重宋，而三十年來忽重元人，乃至倪元鎮以遺明沈周，價具增十倍，大抵吳人濫觴而徽人導之，俱可怪也。」陸子剛所製玉器也是這一股收藏潮流中人們追逐、收藏的物件，「今吾吳中陸子剛之治玉，鮑天成之治犀，朱碧山之治銀，趙良璧之製錫，馬增力之治扇，周治之治嵌，及歐呂愛山之治銀，王小溪之治瑪瑙，蔣抱之治銅，皆比常價再倍，而其人有至與縉紳坐者。」類似的文字記述在明代的文人筆記中多有，且多把陸子剛製玉排在諸種精工之首，可見陸子剛作品在當時影響之大，陸子剛款玉器在當時已有較高的價位，比一般工匠作品要貴出很多。

確切記載陸子剛生卒年代的文獻至今尚未發現，明人王世貞生於嘉靖五年（1526），卒於萬曆十八年（1590），所著《觚不觚錄》言「今吾吳中陸子剛」，則與陸子剛應為同一時代人。傳世玉器中帶有「嘉靖」年款的子剛款作品真偽尚難確定，相信陸子剛於嘉靖年已出名，而後世子剛款作品層出不斷，與其成為店肆品牌多代相傳有很大關係。

二、帶有明代玉器特徵的「子剛」款玉器

目前能夠見到的子剛款玉器，可分為明代、清代、近現代、當代等不同時代的作品。明、清兩代的子剛款玉器在博物館及收藏者手中多有所見，以故宮博物院存清宮遺玉為最多，這些作品或為明宮遺存，或為清代宮廷的收集，有較明顯的時代特點。近代至當代製造的子剛款玉器多見於當今的工藝品市場，個人收藏家的藏品，一些收藏單位的藏品中亦有所見，而其中具有明代玉器特徵的作品應是子剛款玉器的最初作品，是後世子剛款玉器的源頭，目前能見到的主要作品及其相關情況如下：

〔一〕仿古類

1.**仿古玉樽**。北京小西天黑舍里氏墓出土，筒狀，側面有扳，三獸首足，圓帽式蓋，蓋頂三獸鈕。該墓入葬於康熙年間，墓中出土玉器多件，其中玉佩二件，用玉、工藝風格與乾隆時期玉器接近，是康熙朝玉器的代表作品。兩件玉佩與玉樽的風格、工藝有較大的差別，表明玉樽為明代製造。

2.**仿古玉簋**。白玉，圓形，頸部微斂，獸吞式耳，圈足，足底有「子剛

「製」款。作品厚胎粗紋，獸面及其他花紋皆屬明代風格，為清宮藏明代玉器，器底款識略大，不甚工整，凸起且表面較平，空白處下凹較淺，加工方式似與器身圖案加工方式有別。此類仿古器物在明代多用作香爐。

3.玉斝。高7.8公分，口徑5.3公分，清宮舊藏仿古樣式，白玉，敞口，頸部略收，口下飾團壽字夔紋，腹部圓而略凸，淺雕陰線疊環紋，似兩層連環相疊套，空白處飾陰刻小圓環，斝足為環行，足外飾橫向弦紋，斝腹近足處有一周蟬紋，斝側有一方折夔龍式柄，夔龍之首連於器口，柄下端有一凸榫，上雕「子岡」二字。作品整體為明代風格，足外所飾橫向弦紋更具明代玉器裝飾特點，款識於柄下不經意處，與小西天出土明代子剛款玉樽風格相似。

明晚期，玉器製造中出現了製造仿古器皿之風，陸子剛則是推動這一風氣發展的重要人物，他的作品往往能得到名家的賞識、讚歎，很受社會重視，明人陳繼儒《妮古錄》即記載：「於吳伯度家見百乳白玉觶，觶蓋有環，貫於把手上，凡十三連環，吳人陸子剛所製。」[註8]明人屠隆《文房器具箋》記載：「玉者，有陸子岡製，其碾獸面錦地與古尊罍同。」[註9]這些記載說明陸子剛進行了仿古玉器的製造，還說明了子剛製仿古玉的用玉、紋飾等方面的特點，即用玉較好，並非依時俗用邊皮蔥料仿製古玉，而是使用了白玉，記述還表明子剛款玉器的工藝精湛。「十三連環」應是用一塊玉雕出的套環，帶有套環的明代作品目前已發現了多件，環均勻而大小一致，這一風格在清代玉器中不多見。

〔二〕日用類

1.玉嬰戲執壺。作品近似於八方形，短流，曲柄，獸鈕，胎體厚重，轉角處凸起棱線，表面剔凹較深，留有凸起的嬰戲圖案，壺蓋內的底部有「子網」二字，作品的加工工藝、造型及藝術風格皆為明代玉器風格，尤其是作品中的團形「壽」字，與故宮所藏明代團形壽字圖案玉器所附圖案一致，作品為明代製造無疑，但「網」字似為筆誤，應為「岡」字的篆體。

2.玉桃式杯。高6.1公分，口為9.5×10.3公分。杯身似半桃，以鏤雕枝葉為杯柄，多有分枝，杯口之下陰線篆書四言詩：「君顏如桃，挹而飲之，似盛甘

醪，斷瑕甚璧」，署「子剛製」款。瓜果式杯宋、元時已非常流行，多見於玉器、銀器，主體較大，柄為枝葉形，較簡練，明代這類玉器的鏤雕部分較大。這類玉杯的風格同宋、元玉花果杯的風格較為接近，表明子剛款明代玉器對宋、元玉器風格的繼承和發展。

3.玉合卺杯。高8.3公分，口徑5.8公分，青玉，色偏黃，形如兩圓桶相並，上、下各有一道繩紋箍，桶壁各凸雕一螭，兩桶連接處鏤雕鳳鳥式杯柄，其前兩繩做結，並一方形飾，上有「萬壽」二字，格口各有「合卺杯」、「子剛製」款。一杯身有凸起的篆書「溫溫楚璞，既雕既琢，玉液瓊漿，鈞其廣樂。」另一杯為「九陌祥煙合，千春瑞日明，願君萬年壽，長醉鳳凰城。」杯底邊緣有一小獸面足，作品所用為明代後期常用的青色玉料，螭、獸面、鳳等花紋及篆書字體皆明代同類圖、文風格，作品應為明代所製。

4.三螭杯。高5公分，口徑6.5公分，青玉，圓形，平底無足，斜壁，兩側各一螭形耳，中部有一螭形柄，三螭皆躬身，前足伏於口沿，後足踏杯身，頭略高於杯身，上部較平，似有平面，螭口銜杯口，螭尾淺浮雕於杯上，杯底有「子剛」方形印子款。

以上四件為日用品中的酒具。明代玉製日用品大量增多，子剛款玉器中亦有較多的作品，而以杯盞類為多，傳於世的有仿古類及時樣作品多件，文獻中亦有多種記載。

〔三〕玉佩飾〔拓片 55 ～ 58〕

1.玉方牌，又稱牌子，牌形飾，典型作品三件：

A.白玉經火方牌，高3.5公分，寬2.4公分，厚0.5公分。長方形，頂及一側飾鏤雕夔龍，表面有較強的玻璃光亮，一面淺雕水畔土坡，坡上有草亭、孤樹，空中有小鴉十五個，背面淺浮雕草書：「寒鴉千萬點，流水繞孤松」。側面夔龍尾的下方有凸起的二印，上印圓，下印方，分別有「子」、「剛」二字。〔圖173〕

B.「一輪明月照玉堂」方牌，〔圖174〕長4.3公分，寬2.6公分，厚0.6公分，長方形，周邊鏤雕雙夔捧壽紋，佩飾上方有一個「壽」字，中部開光，飾圖案，一面為當空明月曠照山、水，水畔一柳並草房，堂前一人仰觀月空。另一面似碾地，凸雕行書「一輪明月照玉堂」，其側凸起方、圓二印，分別為陰

拓片〔55〕明　子岡款玉佩

拓片〔56〕明　子剛款玉佩

拓片〔57〕明　岡字款玉佩

拓片〔58〕明　子岡款玉佩

刻「子」、「岡」二字。玉佩上、下兩端貫一通孔。

　　C.碧玉螭紋佩，玉青碧色，兩面雕凸起變形勾雲紋，佩上端鏤雕一變形小獸，獸尾垂於玉佩另一側，尾下端凸起長方形小印，篆書「子剛」二字。

　　佩戴方形牌是明代興起的時尚，上海地區明代玉器的考古發現中就有玉牌多種，分別飾螭紋、小渦形圖案、鏤雕錦地及阿拉伯文字等。自明以後，佩戴玉牌之風日盛，玉牌成為明、清、近現代玉佩的主要品種。從考古發現的明代牌形玉佩可看出，明代作品具有表面較平，邊角不甚圓潤而有鋒，牌飾的夔龍頂較小，或飾獸形鈕，裝飾圖案凸起較淺，圖案表面較平等特點。上述三件玉牌形飾，特點上與此相似，且表面有較強的玻璃光澤，應為明代製造。

　　2.仿古玉佩、玦

　　A.白玉雙龍首佩，高7公分，寬8.2公分，整體似環形，主體部位近似3/4環。兩端雕相對龍首，龍頸後部外凸三戟，佩身分為三段，與龍首相接的兩段飾鱗紋，另一段兩面開光，一面飾龍鳳捧團形壽字，另一面凸起篆書詩句。目前經考古發現的戰國玉器中尚未見到3/4左右圓弧狀的龍首玉佩，但傳世玉器中類似戰國玉器風格的3/4圓弧形玉佩頗多，其中有的作品為明顯的戰國秦式玉的紋飾風格，不能排除為戰國作品，多數作品則為明代或其後所製。這件玉佩的字體形式、出戟風格、團形壽字及夔龍、鳳等紋飾皆明代風格，篆文詩句之下有「子岡」款，應為明代製造的「子岡」款作品。

　　B.白玉螭紋雞心佩，長4.4公分，寬2.4公分。白色玉，帶有黃褐色斑，近

似片狀，略厚，兩面微隆起，正面浮雕二螭穿雲，背面有細陰線組成的長線雲紋，玉佩上端寬，前凸，下端窄，端部尖而向一面旋，中部有一圓孔。作品為明代的仿古風格，佩左側有陰線豎排「子剛」二字。

C.白玉三棱。長5.1公分，高1.7公分。三棱形，表面光素，似有染色，有「子岡」二字。

3.玉簪

A.玉螭紋簪，長7.5公分，白玉，柱狀，上端凸出一榫，另一端呈錐狀，上端玉皮外雕一小螭，淺浮雕，簪腹篆「陸子剛製」。

B.白玉方棱簪，長9.8公分，寬0.7公分，白玉方棱狀，上端彎成鉤形，下端有坡形刃，光素，一側凸雕「子岡」二小字。

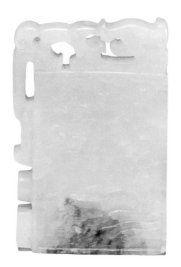

〔圖173〕子剛款經火白玉山水詩句牌形小佩

〔四〕玉文房用具〔拓片 59 ～ 60〕

1.印色盒。故宮博物院藏子剛款明代印色盒多件，皆為方形，蓋面或隆或平，邊壁或豎直或下部內收，盒口微內收，蓋面飾淺浮雕的山水圖案，並有凸起的行書「桃紅含宿雨，柳綠帶朝煙」詩句，盒的四個側面分別飾淺浮雕的荷花、桃花、梅花、石榴等枝葉、花朵，方形底，邊緣似有足，中心有陽文「子岡」二字。

2.墨床。白玉製，圓形，表面微

〔圖174〕子剛款經火碧玉山水詩句牌形小佩

凸，雕山水圖案，邊部向下有一周沿，其下之矮足背面內凹，篆書「子剛」二字。

　　3.琴式盒。長7.8公分，寬2.7公分，琴形，正面陰線隸書「但得琴中趣，何勞弦上聲」並「子」、「剛」二方印，背面有二方形足並凸起的篆書「陽春白雪」四字，作品為青玉，色略暗，同清宮舊藏明代玉磬用玉相同。〔圖175〕

三、明代的「子剛」款玉器及其主要特點

　　從多方面分析可知，上述子剛款玉器主要為明代製造，儘管個別作品定為明代製造可能有疑問，但其風格亦應為明式，其中應有陸子剛本人所製作品，而且，以上玉器中所表現的用玉、工藝及圖案特點，也正是明代子剛款玉器的主要特點：

〔一〕玉材的使用

　　主要有青玉、白玉、綠玉、水晶。元代以前的玉器中青玉的使用較少，亦未見專有名詞，大凡漢代山玄玉、水蒼玉應屬其範圍。所謂青玉是有別於白玉、黃玉的淺色玉材，此一詞語主要見於清代宮廷檔案，明代文獻中未見，明代使用的玉料中確有青玉，如定陵出土玉璧、玉執壺，清宮遺存明代

拓片〔59〕明　子剛款青玉鳴鳳竹臂格

拓片〔60〕明　子剛款玉琴式盒

〔圖175〕陸子剛製青玉琴式盒

雲磬等。上述子剛款玉器所用青玉與之相近。

青玉又可分為幾色：

‧灰青色，玉色略顯灰暗，似帶條紋，見於嬰戲執壺、桃式杯；

‧暗灰色，見於琴式盒，玉材中似帶雪花斑。此類玉材清宮所遺明代玉磬亦見使用；

‧青黃色，實為青玉，色略偏黃，見於合疊式玉杯等作品。

白玉，作品較多，如圓形墨床、玉簪、玉牌等，多為小件作品。因子剛活動的年代至今約歷四百餘年，器物經氧化、盤摸，玉色略舊，其色澤變化似舊珠初黃，熟老蒼舊，不甚鮮白。

綠色玉。見於小雲牌，玉牌又似經火，其色不清。綠玉在明代已有使用，《格古要論》為明初作品，對綠玉評論較多，北京定陵地宮出土玉器中有綠玉帶鉤，其色翠，應是明代綠玉的代表。

水晶。作品於宋、遼時期已很多，明代承其習俗，使用水晶不足為怪。故宮博物院存有多件子剛款水晶製品，其中一件「子岡」款墨晶筆插，所雕梅花平而圓潤，又有凸起的「疏影橫斜，暗香浮動」等詩句，字在行草間，與時代明確的八仙紋玉執壺等作品所琢文字風格略似，故而此筆插亦為明代作品。但此類作品中還有一些水丞、賞瓶等器物是否為明代所造，尚難確定，仍需研究。

〔二〕文字

子剛款玉器上所琢文字，主要為作者款識及文人詩句，作者款識又可分
為印款及單行款。印款為篆書方形或圓形，有邊框，字體略具漢印小篆之意，
單行款可分二字「子剛」、四字「陸子剛製」等。玉器上琢出的文人詩句大致
可分為行草、篆書、隸、楷多種。行草字體詩句為凸起的陽文，字表面較平，
凸起較淺，篆書字體單細且方硬。有陽文、陰文兩種，陽文篆書見於合卺杯、
玉簪、仿古龍首玉佩，數量很少；陰文篆書見於桃式杯及臂格上的詩句字，略
大，結構略顯鬆散。所謂隸楷，似楷書而露鋒，僅見陰文，作品有琴式盒、臂
格。

〔三〕圖案

所見明代風格子剛款玉器的圖案有仿古夔龍圖案、山水人物圖案、花卉
圖案、動物圖案等。山水圖案多以浮雕為主，但起凸極淺，在器物表面似為
薄層，有時與凹雕相結合，略有凸凹呼應。我們見到的山水圖案作品有印色
盒、墨床、牌式佩。山遠而僅具其形，近側多臨水，水也僅為長短的幾道直
線表示。人物亦僅有外形勾勒，圖案整體簡練而講求佈局。

花卉圖案以花葉為多，花片平而大，簡練，表面較平整，起凸較山水圖案
似高。一些作品中圖案的邊角較為圓潤，使得圖案凸起雖淺，卻有一定的立體
感。這類圖案裝飾的作品有印色盒、髮簪、臂格、牌形佩等。

動物圖案主要為飛鳥、螭紋等。飛鳥可分為三種，一為山水圖案中的點
綴似「人」字，僅具外形；二為花鳥圖案中的鳥佔有圖案的中心位置，刻畫細
緻；三為器物上附屬的立體雕造，如合卺杯的鳥形杯柄。一般來說，鳥的翅膀
較大，外形方硬，羽毛以較短的單陰線排列，陰線較粗、較深。

螭紋見於合卺杯及髮簪，螭形較細軟，頭短而寬，陰線脊爬行狀。合卺杯
上的螭紋，其兩肋及肘後有排列緊密的短陰線斜線紋。一件子岡款水晶瓶上有
陰線的人物圖案。水晶製品在宋、遼時已很流行，明晚期有作品不足怪，但此
瓶頸部有活環，明代是否有這些裝飾方式尚需進一步研究。

參考文獻

1.鄧聰主編：《東亞玉器》，香港中文大學中國考古藝術研究中心，1998年。

2.劉大同：《古玉辨》，中國書店，1989年。

3.張尉：《古玉鑒藏》，中國輕工業出版社，1996年。

4.周南泉：《古玉器》，上海古籍出版社，1993年。

5.吳大澂（清）：《古玉圖考》。

6.鄧淑蘋：《古玉圖考》，台北藝術圖書公司，1992年。

7.鄧之誠：《骨董瑣記全編》，北京出版社，1996年。

8.吳棠海：《認識古玉》，台北自然文化學會，1994年。

9.李更夫：《釋玉》，台北增益堂玉器有限公司，1995年。

10.楊伯達主編：《古玉精萃》，上海人民美術出版社，1987年。

11.中國古玉全集編委會：《中國玉器全集》，河北美術出版社，1983年。

12.中國社會科學院考古研究所、定陵博物館、北京市文物工作隊編著：《定陵》，文物出版社，1990年。

13.楊伯達主編：《傳世古玉辨偽與鑒考》，紫禁城出版社1998年。

14.楊伯達主編：《出土玉器鑒定與研究》，紫禁城出版社，2001年。

15.上海博物館編：《中國隋唐至清代玉器學術研討會論文集》，上海古籍出版社，2002年。

16.南京博物館編：《明朝首飾冠服》，科學出版社，2000年。

17.《北京工商大學明代太監墓》，知識產權出版社，2005年。

18.楊伯達主編：《中國玉學玉文化論叢》，紫禁城出版社，2002年。

19.楊伯達主編：《中國玉學玉文化論叢》〔續編〕，紫禁城出版社，2004年。

20.楊伯達：《古玉史論》，紫禁城出版社，1998年。

21.〈江蘇南京市戚家山明墓發掘簡報〉，《考古》1999年10期。

22.〈江蘇南京市板倉村明墓的發掘〉，《考古》1990年10期。

23.〈南京汪興祖墓清理簡報〉，《考古》1972年4期。

24.〈南京明代吳禎墓發掘簡報〉，《文物》1986年9期。

25.〈發掘明朱檀墓紀實〉，《文物》1972年5期。

26.〈明中山王徐達家族墓〉，《文物》1993年2期。

27.〈湖北鐘祥明代梁莊王墓發掘簡報〉，《文物》2003年5期。

28.〈四川平武明王璽家族墓〉，《文物》2003年5期。

29.〈蘭州上西園明彭澤墓清理簡報〉，《考古通訊》1997年1期。

國家圖書館出版品預行編目資料

明代玉器／張廣文著.——初版.——台北市：
藝術家, 民98.10
面170×240公分
參考書目：面
ISBN 978-986-6565-54-0（平裝）
1.玉器 2.明代

794.4   9801049

明代玉器

張廣文／著　　圖版提供／北京故宮博物院資料信息中心

發行人　何政廣
主　編　王庭玫
編　輯　謝汝萱、陳芳玲
美　編　柯美麗

出版者　藝術家出版社
　　　　台北市重慶南路一段147號6樓
　　　　TEL：（02）2388-6715～6
　　　　FAX：（02）2331-7096
　　　　郵政劃撥：0104479-8號　藝術家雜誌社帳戶

總經銷　時報文化出版企業股份有限公司
　　　　倉庫：台北縣中和市連城路134巷16號
　　　　電話：（02）23066842

南區代理　台南市西門路一段223巷10弄26號
　　　　TEL：（06）261-7268
　　　　FAX：（06）263-7698

印　刷　欣佑彩色製版印刷有限公司
初　版　2009年（民國98）10月
定　價　台幣380元

ISBN　978-986-6565-54-0（平裝）
法律顧問　蕭雄淋